曲家瑞

痛快人生關鍵字

自序——就是要又痛又快樂

常常想一天二十四小時只有快樂該有多好，我就不會難過不會抱怨，每天過得開開心心。如果只剩下痛苦，誰還活得下去受得了？

可是啊，只有快樂，沒有痛苦，快樂好像又太輕了。

這個世界就是這麼有意思，因為有痛苦，我們才懂得珍惜快樂；因為有快樂，我們才能熬過痛苦。我的生活就是在痛痛快快之間來回擺盪，如今回頭去整理所經歷過的，檢視一路走來遇到的人事物，很慶幸自己漸漸學會接受所有的好與不好，這都是累積生命厚度的痛快養分，而這又痛又快樂的感覺，是會上癮的。

它是錯綜複雜的情緒，它是激勵自己的決心（或喊話），它是再一次跨越前方障礙的力量，它是一種前所未有的勇氣，它是……（看完本書後，寫下你自己的）

沒有痛就沒有快樂，沒有快樂，痛也失去意義。從現在起，就讓我們接受面臨的一切，準備好迎接痛快的人生吧。

PART 1

最重要的是表現自己

PART 2

擁有這些你就超強了

PART 3

儘管去經歷吧

PART 1

最重要的是表現自己

人生關鍵字
KEYWORD 01

自己

學著去看自己的優點，
愈來愈喜歡現在的樣子。

我是個自卑、自信、自戀、自暴自棄、自怨自艾又自大的人，外表看起來樂觀積極，事實上只有自己最知道我是個充滿矛盾和衝突的人。

但是經過這麼多年，我比以前更喜歡現在的自己。

現在的我思考獨立，不受任何人左右或影響。以前我不講話很可能是沒想法，現在不講話是我不想講，我不會為了討好別人而附和。

經濟獨立很重要，讓我可以做任何想做的事而不用向別人伸手。我甚至還能照顧媽媽，帶她去旅行。

我的生活獨立，努力運動讓身體維持在最好的狀態，不用依賴任何人。

我的身體獨立，不必為了得到喜歡的人，或想證明什麼，在我還不確定彼此是否相愛之前，就急著把身體給他（實際執行起來是有難度的）。

我的外在不是百分之百完美，但因為很了解身材的優缺點，知道什麼該遮什麼該突顯，甚至知道自己什麼角度最好看，所以我在穿著打扮上練就一套搭配工夫，並且非常有自信可以駕馭任何類型的衣服，這是經過很多嘗試得來的。

演藝圈是個必須製造話題的地方，每個人都要想辦法搏版面。有一陣子流行大嫂團，有人就叫我趕快去結婚；後來流行生小孩，又有人叫我趕快找人生；接著整型變成風潮，於是又慫恿我去試試看……。如果一直跟著潮流、話題，人生不就是被推著走？這個圈子很現實，但我知道活出自己的人生更重要。

已經到了這年紀，豐富的人生經驗厚實了我的內在，我愈來愈能誠實地面對自己，接受那個自卑的我而不再去苛責，不把目光一直放在不足的地方，學著去看自己所擁有或擅長的，發揮到極致。我相信不管幾歲，都可以讓自己愈活愈好。

人生關鍵字 KEYWORD 02

外貌

當你放棄自己的外在，
就連上帝也救不了。

你喜歡自己的長相嗎？

我知道自己不是個漂亮的人，對於家族遺傳的法令紋也很苦惱，但是不管如何，我都覺得「天然的尚好」。一直以來，談過幾次戀愛，也不乏欣賞者，因此知道即使不漂亮，也會有人珍惜你。

現在整型風氣很盛，尤其看韓國藝人個個幾乎是完美臉孔，開眼頭、山根高、下巴尖、蘋果肌，錐子臉。一位看過韓星上妝前和上妝後的彩妝師說，那些明星已經整到零死角，上了妝燈光一打，不論從任何角度都完美無缺，但卸妝後就差很大。

其實不要講韓星，生活周遭也經常可以看到或接觸到這樣的人。外貌本來就很重要，會整型也無可厚非。但是整型通常是一條不歸路，整了鼻子，才發現其他的五官也想要升級，變成這裡也要整，那裡也要修，才會看起來更和諧。

我一來怕痛，二來有點神經質，如果動了這裡，結果又不如預期，或是有後遺症，那怎麼辦？所以目前為止應該不會去整型，但是微整倒是會考慮看看。

其實這是一種維修的概念，就像機器要定期維護才能長久使用，建築外牆也要幾年清理粉刷一樣。以前住紐約時，每棟大樓都有維護團隊，打掃的、打蠟的、擦窗的、修剪花木的，雖然管理費較貴，但不僅房子可以維護得較好，還能增值。當時我念的哥倫比亞大學，每年都會利用暑假把校舍空間重新粉刷，迎接新學期的到來，學生看到新氣象，心情都很high。

人也一樣，只要小小的改變，整個人就會煥然一新。我有個朋友只是去割個雙眼皮而已，立刻桃花朵朵開，像明星一樣亮麗，變得很有自信。但其實要不要整型或微整，都無所謂。如果覺得漂亮需要後天補強，方法有很多，最重要的是，不要放棄自己的外在。當你一點都不關心或自暴自棄，不要說整型，恐怕連上帝也救不了。

人生關鍵字 KEYWORD 03

自主

與其聽別人的意見，
不如好好問你自己的心。

以前曾經交過一個男朋友A，對穿搭很有自己的見解，因此常常會批評我的穿著。為了討好，我都會聽從他的意見。有一次我們去林肯中心聽音樂會，他看到我就說：「這麼正式的場合，你應該穿長裙的。」因為這句話，我以為自己穿得不夠得體。後來又相約吃飯時，不愛長裙的我特別精心打扮，穿上連身黑色蕾絲長裙，沒想到他卻皺皺眉：「只是來吃個日本料理，你以為要去哪裡啊？」

什麼？又不對？那穿名牌總不會錯吧。於是要媽媽帶我去逛精品店，買了女孩最喜愛的香奈兒外套，但還是被嫌。我心想可能因為是媽媽選的，所以穿起來有點老氣。

有一天又約碰面，我決定捨棄名牌，選擇自己喜歡的風格，還搭配了一雙很有個性的亮皮尖頭鞋。見面時他說：「剛剛看你遠遠走過來，哇，這一身打扮真酷。」正當我開心不已時，他卻捅了一刀，「但就是鞋子不對，怎麼看都怪。」

B不喜歡我穿高跟鞋，他常說：「有自信的女生都會選擇平底鞋，而且你也不適合穿高跟鞋。」於是我把有跟的鞋都收起來。後來才知道他很介意我穿高跟鞋個子比他高出半個頭。C說我戴眼鏡比較好看，「在我們藝術圈裡，有自信有內涵的女生大多戴眼鏡。」他這樣說服著。事實上我近視將近九百度，厚厚的鏡片架在鼻子上又重又辛苦，但為了他還是撐下去。殊不知原來是怕我太漂亮被別人覬覦（也太自戀了），這才發現他很自私。D不喜歡我穿短裙，看到別人盯著我的腿他就不舒服，可是曲老師就是愛露腿啊！

想想看，自己為對方做了多少改變，但到頭來才發現他們都是基於私心，要我變成他們想要的樣子。為什麼要做這樣的事，真正的曲家瑞到底在哪裡呢？我相信有很多人也像我過去一樣，會為了對方而盲目改變自己，留長髮、穿裙子等等。

本來情人彼此之間互相影響、學習一定是有的，但不管如何，千萬不要為了迎合或討好，而勉強做自己不喜歡的事，因為到頭來你會覺得不舒服，對方也永遠不會滿意不會珍惜，或因此而多愛你一點，你很有可能變成什麼都不是。學會自主，是人生很重要的一件事啊。

人生關鍵字
KEYWORD 04

嘗試

多試穿，逛街就不會變成打擊大會，
瞎拚變成一件真正快樂的事了。

許多人試穿衣服時，如果不好看，通常第一個反應是「啊，太胖了」、「大腿好粗」、「真是的，腰跟水桶一樣」、「該減肥了」……總之，千錯萬錯都是自己的錯，衣服絕對沒有問題。

以我試穿過無數品牌的豐富經驗，每個都各有特色，但合不合適，一定要穿了才知道。曾試過幾款所謂好萊塢名媛、藝人喜愛的牛仔褲品牌，有的穿起來胯下很緊，有些怎麼樣都塞不進去！實在很不給力，心想我的腿已經夠細了，如果連曲老師都不能穿，這到底要賣給誰？即使是名牌，可能款式、設計一級棒，卻不一定合我們身材，花了這麼多錢，也不保證好看。

不要老是怪自己，如果身材就是這樣，那麼就先徹底了解優缺點，好好地在鏡子前看一看哪裡最出色？哪裡要補強要修飾？之後就是多試穿，什麼都嘗試，最後一定可以從中找到適合自己的剪裁和款式，逛街就不會變成打擊大會，瞎拚將成為一件快樂的事。

逛街時，所有人都是先用眼睛判斷這件合不合適，再決定要不要試穿。但是我得告訴你，有時候眼睛覺得合適的衣服，穿上去未必那麼好看。曾經看中一件夾克，以我閱衣無數的銳利眼光判斷，簡直就是為我量身訂做，沒想到袖子一套進去，這裡鬆那裡垮，肩線太緊、袖身太短、前面合身後面皺皺的，完全不如預期。反而有些掛在衣架上實在不怎麼起眼，穿起來效果意外地好，不僅衣服很有立體感，剪裁、比例也都恰到好處。

試穿衣服不用花錢，也不一定要買，又能訓練眼光，慢慢找到屬於自己的風格，何樂而不為呢？而且一定要走出自己的舒適圈，不要老是挑類似的衣服，有時候去挑戰自己覺得並不合適的款式，反而會有意外的驚喜。

譬如V領是我的大罩門，因為V領需要胸部有點本錢，或是肩要夠寬，線條才會美。但是我並不因此而灰心，每次逛街，看到喜歡的還是會試。設計是很微妙的，同樣是V領，深一點或淺一點，穿起來視覺效果就是不一樣。所以即使挑到穿起來最符合身形、能讓我更出色的V領，機率只有萬分之一吧，我還是不放棄尋找、試穿。

試衣服時，我常會挑百分之百肯定好看的、有百分之七十把握的、百分之五十尚可的、百分之三十……甚至連一點信心也沒有的，都會拿進試衣間。反正穿起來不像樣，頂多在裡面啜泣一下，不要走出來而已。如此一來，絕不會有空手而回的狀況，因為其中一定有可以開心帶回家的，當然也可以不要買，當成選衣服的練習。

這個方法是在美國念高中要申請大學時學到的，那時老師教我們填志願時範圍要擴大，一定要選好幾間：有非常肯定可以上的、有機率很高的、或是只有百分之五十把握的、以及完全不可能上的，這樣才不會落到一間學校都沒有。我的學生準備申請國外學校時，也常叮嚀他們一定要這麼做，就算沒上，好歹將來可以跟孩子說：「我以前也申請過哈佛！」幹嘛擋自己的路，這個世界什麼都可能發生啊！

這樣的觀念不只用在買衣服上，很多事情也可以如此應用，把範圍擴大，有很多備案，做各種嘗試，你的人生就會有很多可能性，每一次出擊都不會落空。

人生關鍵字
KEYWORD 05

風格

不僅是搭配技巧，要加上自信，才能形成獨特的調子。

一直到上大學初期，我對穿著既不太重視，也沒有明確的想法，衣櫃裡都是媽媽幫忙挑選的衣服。有一天下課走出教室時，聽到後方傳來一陣笑聲，一開始以為在稱讚，仔細一聽才知道是取笑，「這裡是藝術學校耶，怎麼會穿這樣？」當時學校裡都是一些穿著奇裝異服的學生，在他們眼中我應該像是宅女闖進異想世界吧。

因為這個刺激，我決定跨出原來的樣子，全面改造自己。我仔細觀察同學們的打扮，班上有個女同學非常搶眼，一頭金髮，全身皮衣皮褲皮靴，白色口紅白色指甲油，儼然龐克搖滾風。但我評估之後，既不想打十幾個耳洞也不敢戴鼻環、舌環，只好從黑色口紅和指甲油下手吧。

還有幾個同學，他們的衣服都不會跟別人撞衫，造型既誇張，花色也不是當季流行，很像從早期電影中走出來一樣，既怪又新奇。我問他們都去哪裡逛？原來是二手衣店。這可嚇死人了，我一向都買全新的，要穿別人用過的衣服，真的要克服很大的心理障礙。而且我以為只有貧困的人才會去二手衣店，加上沒有美麗的櫥窗和陳列，實在讓我踏不進去。但是同學說：「重點不是衣服新不新或貴不貴，而是要形成個人的符碼。」

在這之前我已經進行初步改造，換了髮型，也配了隱形眼鏡，為此每天都要早起一個半小時準備。都已經這麼大費周章了，衣服不突破不是破功了嗎？可是一穿上那些二手衣，我的媽呀，簡直像被鬼附身，讓人渾身覺得不對勁，但好像又可以吸引很多目光，只好硬著頭皮買下來。慢慢地，我全身上下，從上衣外套到褲子、鞋子、包包、配件，全部都是二手貨。

跨過這一關，什麼都可以了。有個時期曾經把頭髮剪得非常短，像個小男生，穿著偏男性化。大三、大四，我的風格才逐漸成形，不管是二手衣或新衣都能做很好的搭配，從內而外有自己的調調。念研究所時，覺得不需要再標新立異，又開始留回長髮，衣著也有了改變。

風格其實會隨著年紀、身形、閱歷等等而不斷改變、成形。我從學生身上就觀察到，通常大一的學生都不太會穿搭，但大二、大三開始，對穿著有自己的想法，這一點也反應在作品的成熟度上，可見內在和外在是互相影響的。以前班上有個小男生，外型毫不起眼，作品卻讓我眼睛一亮，當時心想，假以時日他的外在就會追上內在的高度。果然幾年後外在變得自信有型，我們以為他都採買名牌之類的，肯定家境優渥。後來一問才知道根本不是這回事，他家環境普通，媽媽在市場工作，因此衣服大部分來自市場牌，重點是他有自己的穿衣哲學和搭配技巧。

如果你願意不斷去嘗試，就會逐步找出自己的樣子。我常覺得沒有所謂不能穿的衣服，而是你要如何駕馭，風格並不是由錢堆砌而成，而是內在素養及厚度形之於外。當有了自信，這時不管什麼衣服，你都可以穿出自己的味道。

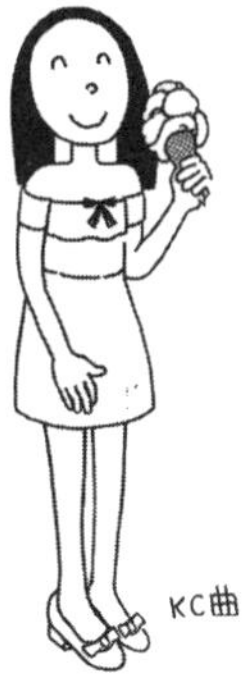

寫下你的關鍵字

人生關鍵字
KEYWORD 06

名牌

要認識、要體驗名牌，
但不一定要擁有。

有一個年輕朋友要去面試，但沒有正式的衣服，剛好有人願意提供他以前買的、現在已經很少穿的山本耀司西裝外套。當時朋友心裡還暗暗擔心十幾年前的衣服會不會很老氣？退流行？沒想到一套上，整個人換了個樣，不僅剪裁合身，而且看起來非常專業又時尚，沒有過時這回事。看著鏡中的自己，朋友都覺得不可思議。

另一個朋友是在大學畢業時，爸爸特別送給她一支昂貴的IWC手錶，對於這個意義非凡的禮物，她一直很珍惜，遇到重要場合都會佩戴，好像可以帶來莫大的力量。我媽媽也有一些名牌衣服、鞋子包包，這些來自爸爸的疼惜之情，每一件都被保存得非常好，不管任何年紀穿，都讓她閃耀著一種說不出的光彩。

這就是經典的魅力，可以禁得起時間考驗，有時背後的心意更是讓人難以忘懷，絕對值得投資。

但我既不鼓勵大家盲目追求名牌，也不能不知道它的存在。要認識，要體驗，能力許可的話，再擁有名牌。我的朋友圈中曾有一群女孩子，平常以打工為業、省吃儉用，卻可以把一個月的薪水拿去買價值不菲的包包！也知道有一些人，到名牌店是指著架上的衣服說：「除了這件那件不要之外，其他的統統包起來。」像這些寧願餓肚子、無論如何都要擁有名牌，或是像暴發戶一樣的行為，並不是我鼓勵或欣賞的。

名牌有很多種，有大名牌小名牌，有真名牌假名牌，一定要多了解背後故事相關資料、並且多試穿，才能找到合適又萬年不敗的款式。

有些人會說太貴了，太遙遠，不一定要穿名牌啊，現在衣服的選擇性這麼多、品質也不錯，幹嘛非要穿名牌不可？廢話，它們對我來說也是天價，記得有一次出國看到一件YSL騎士皮衣竟然要價近二十萬，一看這標價，不禁喊出「我的媽呀」，但一試穿，還是想喊「我的媽呀」，在場的親友每個都說：「這簡直是為你量身訂做的。」看著鏡中煥發光彩的自己，突然有種千萬人之中終於遇見你的心情。但是那個標價又讓我迅速回到現實，台灣的冬天不長也不是很冷，有很多的場合可以穿嗎？加上經濟能力真的許可嗎？有必要買這麼昂貴的皮衣嗎？種種的考量，最後還是決定放棄。

許多人會買地攤貨或平價衣服，我也會買。但是看到更多人是因為衣服很便宜或打折，於是大買特買，拎著好幾個購物袋回家，覺得真有成就感，全都是戰利品啊。可是穿不了多久，這些衣服就被打入冷宮或丟掉、送人。其實算一算，與其買那麼多件很快就膩掉的衣服，不如用那筆錢來買一件質料很棒、設計剪裁又好的名牌。或者可以每個月省一點錢，一年買一件，養成品味、鑑賞能力及穿衣架勢。其實一輩子都不穿名牌也無所謂，名牌並不是人生必備品。但我還是建議有機會要去試穿一下，當衣服一套上，那種合身度彷彿就是為你訂製的一樣：「原來這就是世界級、大腕級的設計啊！」去體會那種精緻、精準和精彩，不也是可以增廣見聞的學習嗎？

寫 下 你 的 關 鍵 字

人生關鍵字
KEYWORD 07

Dress Code

什麼場合穿什麼衣服，
讓你看起來更像一個咖。

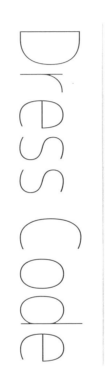

大學時曾和老師去逛畫廊，當時同學都穿著很隨便，進去後櫃台的小姐上上下下把每個人打量了一番，然後冷淡地問：「你們有預約嗎？」老師馬上出面說明：「這是我的學生。」她們才放行讓我們進去。後來老師特別告誡：「以後去逛畫廊時，千萬記得要穿著體面，外套口袋上隱約露出一點像支票本的東西。總之最好像個咖，不然她們會擺臉色給你們看的。」

這件事讓我想起，那時學校附近有一家很有名的club（PALLADIUM，一九八〇年代紐約最著名夜店），每到週末夜晚都大排長龍，藝人、名人群集。但大門外有兩個高壯威武的黑人保鑣，會看你的穿著打扮有沒有型、合不合格才放行，並不是有錢就能進去。朋友一直很想去開眼界，但好幾次從晚上十點排到凌晨，都不得其門而入。

我一聽馬上心生一計，把衣櫥最酷炫、最能展現東方魅力的服飾配件穿上身，還特別坐計程車到門口。事實上這家夜店距離我念的學校很近，只是走路去就完全沒氣勢了。所以無論如何都要搭車，而且下車之後，完全沒有猶豫地往前走，眼神緊盯大門，彷彿我本來就是這裡的常客。門口的黑人保鑣原本想上前擋駕的，但可能被散發的氣勢唬住吧，很快就讓我進去。而朋友從大學到研究所，還是沒能如願一看究竟。

所謂 Dress Code，也就是參加什麼場合穿什麼衣服。像我的朋友當時是精心打扮，但樣子比較適合去喝下午茶，而不是去夜店。不只是夜店、高檔餐廳需要打扮入時，逛畫廊、美術館也不能亂穿，去聽音樂會更是要盛裝，甚至於上學、上班也要有個樣子。但在台灣大家卻沒有這種觀念，記得剛回台灣時，第一次去國家音樂廳，我穿著及踝的禮服，還特別去做頭髮，就好像以前要去紐約林肯中心聽音樂會一樣，是抱著尊重的心情。但進到裡面，當場馬上覺得自己好像異類，完全格格不入，大家的目光射過來，眼神一副「你是從哪裡來」的樣子。

穿著打扮當然要求舒適為原則，但還是要看場合，就像面試或工作提案時，大家會鄭重打扮一樣，但平常卻很放任。外表是溝通的第一道語言，別人光看穿著就會開始打分數，這個人看起來很專業，那個人看起來很得體……

以前在美國唸書時，常利用暑期往返兩地。姊那時都會穿著很整齊，我笑她：「穿那麼正式幹嘛，坐飛機多不舒服！」她卻說：「這樣海關才覺得你是專業人士，不會為難你。」果然她經常很快就通關，我則因為穿著太隨便而常常被攔下來。多年前曾帶學生團去美國進行設計交流，抵達洛杉磯時，全團都過海關，唯有一個被留下來盤問將近一小時，行李還被打開檢查，也是因為服裝不整而且滿臉鬍碴。旅行才開始，他就因此而嚇壞了。在台灣我也經常看到學生們穿拖鞋來上課，我說：「這不是在家裡或宿舍穿的嗎？」得到的答案經常是：「喔，有差嗎？就穿啦。」

在很多國家，我觀察到人們都很重視自己的形象。老闆級的人、上班族、藍領……幾乎從穿著你就可以判斷出他們的身分。像我的主管會在辦公室留一件正式的黑色西裝外套，以備不時之需，紐約很多女性上班族穿球鞋通勤，方便趕時間，但公司一定備有正式的鞋子。我自己也有一、兩件這樣的西裝外套，在需要時可以隨時讓自己看起來很有自信和專業。

我並不是鼓勵大家要裝模做樣或以貌取人，但看場合穿衣服很重要，是一種自我尊重，也是一種禮儀，會給人留下很好的印象。

人生關鍵字
KEYWORD 08

身材

創造自己的身材美，
讓它成為主流。

每個人的身材不一，天生就有個別的特點。有些人身材圓潤，體質可能是一吃就長肉。有些人身材細瘦，怎麼吃也不容易胖。即使同一個父母生下來，兄弟姊妹的身材未必都一樣。

譬如姊姊屬於細長形，妹妹的骨架卻比較大。到底哪一種好其實沒有定論，圓潤型的人會羨慕怎麼吃都不會胖的，瘦子望著別人豐滿的曲線，可能暗暗在哭泣也說不定。

倒不如就接受自己的樣子，然後設法去改善。像大家都很羨慕我：「曲老師你好瘦。」、「你的腿怎麼可以這麼細！」、「你怎麼都不會胖？」老實說，我很不喜歡這種薄扁瘦的身材（典型紙片人），從小到大被嘲笑到不行，有各種封號和形容詞，譬如一顆貢丸插在竹籤上，還常被笑像奧莉薇（卜派的女朋友）、瘦皮猴，因此走路時彎腰駝背沒有自信。過了三十歲才漸漸學會用不同的角度看自己，將缺點翻轉，譬如身形纖細、四肢修長，於是穿著上就著重在展露這些特色。但身材還是要維護，所以靠持續運動加強塑身，蝴蝶袖才不會亂飄、大腿才能緊實，整體儀態更挺直有致，同時把腹部核心肌群練扎實，讓小腹平坦、不要比胸部大，身材比例也好看。

沒有一種身材是完美的，與其抱怨，不如把時間拿來好好鍛鍊、再利用飲食調整，創造自己的身材美，讓它成為主流，會更實際也更有效。

寫下你的關鍵字

人生關鍵字 KEYWORD 09

頭銜

你如何定義自己，比名片上的頭銜更重要。

有一次去電視台錄製一個人物專訪，他們除了採訪我，也找了其他人來談我，其中有一段蔡康永的訪談被剪掉一些些。

我很好奇究竟是為什麼？一問之下才知道原來康永哥覺得我的頭銜太多了。他說曲家瑞又是教授又畫畫又在演藝圈，應該要選一個專注去做就好……因為這一段話和他們原先把我設定成跨領域的形象不符，所以被剪掉。

這件事給了我一些衝擊，難道這樣的我不好嗎？

記憶中，我爸爸的名片上面密密麻麻印著很多頭銜，當時就覺得他的事業做好大，看起來很重要的樣子，事實上我爸確實為台灣的漁業付出很多。這件事無形中影響了我，開始朝各方面發展，教授、畫家、作家、藝人、策展人、二手娃娃收藏家……變成有很多頭銜的人。

這些頭銜都是相關連發展而來，並沒有刻意去追求，但不可否認，某種程度上也有自我良好的感覺。哇，自己好厲害，十八般武藝樣樣都會，頭銜愈多表示我能力愈強。如今我開始回想，雖然我是藝人，但並沒有什麼代表作。我是策展人，卻沒有做出理想中的國際性展覽。雖然出過幾本書，也賣得不錯，我心知肚明距離專業作者還很遠。專業是需要花時間和苦功才能得到的，就算有很多頭銜，沒有那樣的實力也沒有意義。更何況，在這麼多頭銜中，哪一個才是真正的我？如果可以把一件事做好，不就很棒了嗎？何必要強調或在乎自己有多少能耐？

嘗試仍然是必要的，有很多興趣也是好的，我鼓勵大家多方面發展。但其中一定要有一件是自己最擅長最厲害，而不是樣樣都懂一些，樣樣只是皮毛而已。

最近已經開始把一些頭銜刪掉了，心裡愈來愈清楚自己更想做的事，也許哪一天只剩下一個，甚至沒有頭銜也說不定。頭銜只是外界用來定義、認識我們的一種方式，但更重要的是，我們要如何定義自己。

人生關鍵字 KEYWORD 10

不設限

即使被當成瘋子，
也要去做想做的事情。

小時候住家附近有個賣場，裡面駐滿各式各樣的商店，其中有一家專賣小碎花圖案、顏色暗淡又寬鬆的衣服。看到很多歐巴桑或上了年紀的太太都來這裡挑選，才知道原來這些衣服都是賣給老人穿的。

但是當我大一點，突然有個疑問出現心頭，為什麼上了年紀的女人一定要穿那種衣服呢？不能有別的選擇嗎？非得要穿得寬寬鬆鬆嗎？

在紐約唸書時，無論你幾歲，不管如何穿，即使七老八十還奇裝異服，也沒有人會視你為怪胎，或投以異樣眼光，有時反而愈奇特別人愈欣賞。但在台灣，如果穿著或行為不符年紀，就會有人替你擔心：「不怕別人笑啊？」不然就是在背後指指點點。

許多人常會說：我都已經幾歲了，不適合再做這種事了；不適合再穿這種衣服了；不適合再如何如何……事實上年齡從來不是一種限制，反而是自己為自己設下了許多框架。

前一陣子我陸續發了三首rap的MV，其中一首的內容就是要把全台一百五十六所大學以饒舌歌的方式唱出來，搭配專業啦啦隊的舞蹈動作。絕大多數的人接到這個任務，不是翻白眼就是立刻拒絕，都已經五十歲的人了，還在搞這種東西！你瘋了嗎？

那麼，如果不瘋的話，五十歲該是什麼樣子呢？是要燙小捲的頭髮、穿大兩號的衣服、皮膚鬆垮、蝴蝶袖、老花眼、乖乖認命不要做夢，才是五十歲該有的樣子嗎？

不可否認，做這件事對我來說是很大的挑戰，我從頭學起花了很多時間，光是那些翻拋的高難度動作，不僅要克服心理障礙，還要預防身體受傷。但年紀或身體的限制，從來都抵不過我的好奇心，想嘗試沒有做過或意想不到的事，愈新鮮愈喜歡。

當初我提議要把學校名稱納入歌詞中時，有人覺得太瘋狂、太冒險，結果一上線反應出奇地好，點擊率突破六、七百萬。更重要的是許多人告訴我，他們以前都不敢提自己的學校，聽到被 rap 出來時，心裡好感動。我希望大家都能夠以自己的學校為榮，不要去比較。就像不要為自己設限一樣，不用抬高身價也不必自我貶低。

我在這些 MV 中要和很多有豐富舞蹈經驗的大學生

配合，他們看我努力學習、還一起軋舞的精神，都會說：「曲老師，我媽和你一樣大，但看起來比你老耶。」、「我媽年紀比你小，但沒有你年輕。」我想是我從來不因為年紀而停止嘗試和挑戰，想做什麼就去做，開心最重要。接下來我又要去學好玩的了，請大家拭目以待。

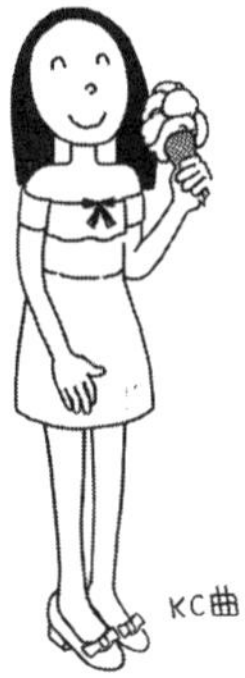

寫 下 你 的 關 鍵 字

人生關鍵字 KEYWORD 11

觀察

用心去「讀」別人，
會讓你既體貼又受歡迎。

很喜歡觀察，每天張開眼睛，所有的事物都讓我感到好奇，尤其是人。不管是逛街、吃飯、坐車，甚至只是漫無目的地隨興走路，「人」永遠是很有趣的主題。

你能從外表分辨建築師和設計師的不同嗎？會計師、銀行員和科技業、業務員等等，他們的氣質和打扮有哪些差異呢？其實從穿著及整體造型，或是進一步的談話，我通常可以猜出他們是從事哪種行業或工作，準確率還不錯。

如果夠用心，就會發現在餐廳工作的人，專職和工讀的差別。百貨公司的櫃姐因販賣的東西和樓層也會不同，譬如一樓化妝品的櫃姐，通常都有一種強勢自信的氣質；賣男裝和小家電用品的大部分是年紀大一點、像媽媽一樣親切有耐心的人；賣休閒衣物的大部分是年輕有活力型的；賣內衣的一定是三、四十歲，而且非常專業的女性。

之前整修工作室時，發現水電師傅和木工師傅、油漆師傅其實也有很大的差別。猜猜其中最斯文的是哪一種？答案是油漆師傅。他們通常穿著淺色工作服和布鞋，工作要求準確美觀，所以養成一種像日本職人的氣質。木工師傅因為是用力氣的，會比較粗獷，而水電師傅通常較謹慎小心。

當你養成細緻敏銳的觀察力，會變得更有同理心，也更體貼。有個朋友告訴我，有一次晚上將近九點時去鼎泰豐吃飯，好心地打了電話問媽媽要不要帶晚餐？結果媽媽竟然反問說這麼晚了還買什麼，難道不知道她平常吃飯的時間是在六點半到七點之間嗎？朋友本來是一番孝心，沒想到卻適得其反。我心想如果她平常夠細心，就不會發生這種慘事了。

我有一次去bar，遇到兩個年輕男生想合照。他們的穿著都非常潮，猜測會不會是念設計相關科系呢？沒想到竟然槓龜！原來一個念化材，一個念電機，哎呀呀，現在的年輕人果然不一樣了。他們開玩笑地說：「曲老師，我們是不是應該穿宅一點啊！」為了扳回面子，於是刻意把話題轉到他們的感情狀況，結果完全被說中，兩個人一臉驚訝，以為我是算命仙！事實上，比較外向活潑的那一位一定有女朋友，因為給人的感覺較自在。我對另一個說：「你肯定沒有女朋友，而且是從來沒交過。」他簡直嚇壞了：「曲老師，你怎麼知道？」其實我是從那一絲不苟的髮型、精心雕琢過的穿搭、嚴謹的態度和僵硬的肢體語言中猜測出來，他是個標準很高、追求完美的人，所以到現在還沒有找到符合心中理想的對象。

很有趣吧！如果我們可以更用心從一個人的外在觀察到他的內在，既能豐富生活，也能開啟話題，成為有趣的談資，人際關係相信一定會更順暢。觀察是無所不在的，現在就從你身邊的人開始吧。

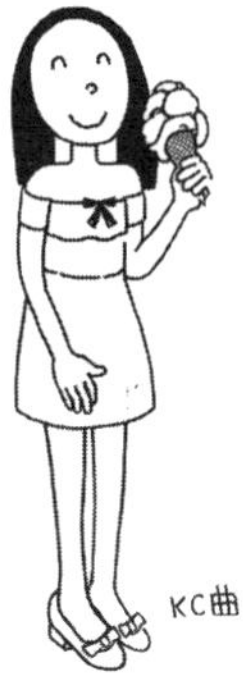

寫 下 你 的 關 鍵 字

人生關鍵字 KEYWORD 12

自信

自信不會突然出現，
而是在實做中逐漸累積而成。

住家附近有一家超市，其中一位阿伯收銀員視力很弱，常常把商品拿到幾乎貼近眼睛才看得見，效率因此比較慢。另一個阿姨不僅前額的頭髮禿了一大塊，每天還苦著一張臉，心情鬱卒。但是這並沒有影響他們的工作態度，依然很努力。一年後，他們都有了很大的改變。阿伯的動作愈來愈熟練流暢，還會主動協助新進同事。阿姨的頭髮不但長出來，神情也開朗許多，見到客人都會微笑。

另外一家大賣場的女店員也讓我印象深刻。大約四、五十歲的年紀，永遠面無表情，還披著凌亂的灰白頭髮，總是低著頭，一副不得志的樣子，別人大概都會把她歸為人生魯蛇組。她做什麼事都很慢，因此常被主管和客人念。但是你可以看到她慢慢在改變，漸漸外型乾淨俐落了，工作愈來愈順手，說起話來井井有條，以前被呼來喝去，現在則是指揮別人做事情，還躍升為店長。

還有一個中年大叔，一開始遇到他是在速食店，可能是二度或三度就業吧，雖然處在一群年輕同事中顯得格格不入，他還是很賣力地工作，永遠滿臉笑容、期待為你服務的樣子。有陣子沒看到他，以為辭職了，後來才知道他升為店長，調到其他店去。

因為常去這些地方，幾乎是一路看著他們轉變。到底改變的關鍵是什麼呢？我覺得是態度。即使條件不好，當你全心投入時，就能從不會變成會，再從會變成熟練，從熟練變專業，這時自信自然而然就會產生。

自信不是一天形成的，也不是從「說」或「想」之中突然出現，而是在不斷地「做」當中，累積出能力，這樣的成就感會讓人閃閃發亮，這就是自信的魔力。

人生關鍵字
KEYWORD 13

專業

唯有專業，
才能讓自己立於不敗之地。

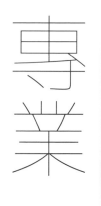

一向不太追趕流行，譬如哪個歌手現在很夯，哪部電影很賣座，哪齣電視劇造成話題，我都不會刻意去湊熱鬧，也不會跟著別人附和，總之是按照自己的喜好、速度去了解。

不過瑪丹娜第一次來台的演唱會倒是去了，因為這是年近六十的女王最後倒數的演出。她走紅的時候，我正在美國唸書，當時只覺得她的嗓音黏膩，喜歡以身體引起話題，很會炒作媒體，譬如創下內衣外穿的風潮。但她以音樂為性別發聲，探討青少年、族群議題，以及突破框架的曲風、舞蹈、穿搭、也帶來很多的啟發。而這次的演唱會，則讓我了解為什麼她可以縱橫世界歌壇數十年而不敗，只有兩個字，專業。

她的演唱會其實是一場精彩絕倫的歌舞秀，充滿戲劇性、藝術性、原創性、科技感，完全無冷場。從音樂、視覺、造型、燈光、音響、場景、道具、舞者，以及瑪丹娜本身，全部融成一體有如行雲流水，演出配合得天衣無縫。一些高難度、既危險又玩命的橋段，在華麗的包裝之下，讓人看得目不轉睛、驚嘆連連。

聽過許多歌手唱現場，喘氣聲清晰可聞，但瑪丹娜從頭到尾連唱兩個小時，卻完全感受不到她的吃力，坐隔壁的年輕女孩一度還很懷疑地說：「會不會是對嘴啊?!」事實上她鍛鍊身體數十年如一日，一身勻稱的肌肉，顛覆世俗對女性柔弱的偏見，超強的肺活量和體力，讓她可以全場一氣呵成。她每天的生活非常規律，不抽菸不喝酒，勤練瑜伽。不管是飲食、個人用品或表演所需，一切都在掌控之中，不能讓自己有一丁點失誤或不舒服，在舞台上或舞台下都一樣。

雖然瑪丹娜的票價創下台灣演唱會有史以來最高，但是你看到一位無比專業的藝術家以及她的團隊，台上的每一分每一秒都是經過精密計算，才能呈現這樣令人讚嘆的世界級演出。難怪有人特地到國外去朝聖，觀眾可以忍受她的大遲到。很多人很有才華，卻不知道如何經營自己，或只會抱怨時運不濟，但瑪丹娜很早就知道自己要什麼，即使有人不看好她，批評她、詆毀她，依然走自己的路，並且全力以赴、精益求精，才能一直到現在，成為許多人心中不敗的偶像，持續她的影響力。

人生關鍵字
KEYWORD 14

點子

在這個時代，
創意更值錢。

大部分的人都希望變有錢，但要怎樣才能達成夢想呢？

我家附近的鄰居，有人靠賣菜就在台北市的精華區買了三棟房子；也有的是賣早餐兼蚵仔麵線變成包租公；還有從路邊攤變成連鎖店。我常去的夜市，有一家賣米粉湯，老闆娘結婚前連菜都不會煮，現在的攤子總是大排長龍，每日現金收到手軟。

過去只要有一技之長，再加上勤奮努力、產品又好，賺錢並不會太困難。但是在這個數位化時代，更多可能性是發生在虛擬的世界，只要一個好點子，經由網路發酵擴散，一夜致富的例子比比皆是。

之前在上海遇到一個手握龐大資金、專門做併購的女性主管，我們聊到現在要做什麼才能賺錢，她說：「舉凡和生活、人有關的，商機都很大。」例如一款和女人身體相關的APP，如同一個貼身的月事小秘書，會提醒你MC快來了，飲食上要注意哪些事情。期間，也會告訴你如何放鬆身心，看什麼、聽什麼、吃什麼會比較舒服。經期結束，該如何調理？如果沒來，會提醒你去看醫生。假使懷孕了，要做什麼檢查？如何面對身心的改變，有哪些醫療單位可以選擇？迎接新生命時要做哪些準備？總之，跟女人相關的所有消費、服務，全部都會連結在這個APP內，只要動動手指，就能把許多事情搞定。

「這樣也能賺錢嗎？」

「當然啦，你想想，如果有一百萬的會員，就有五百萬人民幣的市值了。」

換算成台幣，兩千五百萬！確實是不小的數字。

另外一個例子是一個年輕女孩的創業故事，電影是她的興趣，對白幾乎可以倒背如流。她利用興趣，創造了一款照片後製APP，並搭配電影經典對白，讓使用者創造屬於自己的故事。推出之後馬上在社群網站上傳開，火紅得不得了，許多投資客紛紛捧著錢想加入。

還有一個收藏家轉為賣家的案例，在網購一片削價競爭的市場中另闢蹊徑。

「不想和別人比便宜，我要全部賣真品，而且是高價位。」一開始他只和一些同好分享，大家互相把收藏品拿出來交流買賣，後來引起一些藏家的關注，口碑漸漸傳開，要求加入這個社群的人愈來愈多，就變成開放式平台。因為每一件買賣價錢都很高，不是幾十萬就是上百萬人民幣，交易金額相當大，許多周邊的商品商機連結也慢慢加入。

可見在這個世代想賺錢，要有創意有點子，並且努力執行，成功的機會就很大。

「曲老師，你有什麼好點子嗎？快丟出來吧！」那個女性主管問我。

「我正在想。」（還是出書比較快，哈哈！）

PART 2

擁有這些你就超強了

人生關鍵字 KEYWORD 15

眉角

注意每個圈子的潛規則，
把人情世故的眉角好好琢磨，
到哪裡都吃得開。

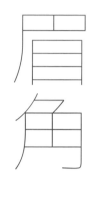

不管在什麼圈子裡，經常把「謝謝」掛在嘴上，並且對別人多用心，基本上都能維持良好的人際關係。進了演藝圈之後，有一個重大發現，那就是這裡的人長幼有序、倫理觀念很強，大家都十分尊重前輩、提攜後輩，見了面總是會打招呼：「×姐好。」、「×哥好。」也有許多藝人一來到錄影現場，就會先說：「導播好。」、「攝影大哥，等一下就拜託你了。」

演藝圈競爭非常激烈，如果可以得到前輩的提拔，或增加曝光的機會，演藝路會走得比較順，也較受到喜愛。但其實不管如何，待人處事眉角很多，懂得掌握其中絕竅，絕對有好處。像我曾經和一位資深藝人同台，由於平常講話很快，以致於惹得這位前輩不開心，覺得我很愛插話。其實是因為腦子的速度常趕不上嘴巴，但我從此也學會觀察、克制、不要搶風頭。另一次則是因為遲到，讓一大票人等我一個，真是犯了大忌，自己也尷尬、丟臉到極點，等到節目開錄腦子還一團混亂，表現因此受影響，真是得不償失。

一旦開錄，就是考驗個人EQ的時候了，曾有一個因為緋聞而搏得很多版面的女藝人A受邀上節目，主持人自然而然拿緋聞做話題，keyboard老師也特別選了緋聞男主角的歌來當配樂。節目是為了效果，但A覺得很委屈，感覺傷口被撒鹽，當下就跟老師嗆聲，讓場面有點小尷尬。

同樣的狀況也曾發生在我身上，那時上節目談自己受挫的愛情，同樣的keyboard老師幫我配了一首被分手的歌，歌詞完全唱出我的悲慘處境，襯托出當下失戀的氣氛。雖然心裡淌著血，但我沒有像A一樣反彈，我知道這是節目製造的效果，全力配合演出，心情反而不那麼沉重。結果大受好評，這首歌還因此成為我的主題曲，日後只要上節目聊感情，背景音樂都會是這首。那次下了節目特地去跟老師說謝謝，他說：「曲老師，還是你知道我的用心。」他真的很擅長聆聽，並藉著音樂把現場的氣氛帶到最高點。

除此之外，送禮表達感謝也是一門學問。譬如許多電視節目在年終時，會號召藝人帶禮物當抽獎獎品，讓藝人有機會感謝工作人員一年來的照顧。有些藝人，會精心準備，有些在這方面就沒那麼用心。記得有一年，某位藝人準備了自己很喜歡的幾本書和禮券。結果抽到的工作人員當下面無表情，後來聽說很多人同聲出氣：「啊，以後怎麼敢發通告給他。」當時我準備的禮物也是書，錄影現場頓時鴉雀無聲，但是抽到我的獎品的人卻開心得不得了，知道為什麼嗎？因為我的獎品除了《誰說我沒有影響力》之外，裡面還夾著一個大紅包，氣氛瞬間歡樂起來。

其實每份工作都有要面對的事情和態度，只要掌握好眉角，就能減少很多誤會和不開心。隨時隨地多用心，注意每個圈子的潛規則，把人情世故的眉角好好放在心上琢磨，才能如魚得水，到哪裡都吃得開。

寫 下 你 的 關 鍵 字

人生關鍵字 KEYWORD 16

拿捏

隨時檢視自己和周遭環境，
培養收放自如的應變能力。

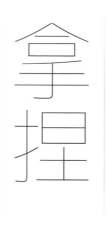

曾經跟一位經紀人聊天，他說帶了一個新人，剛開始好辛苦，很難推，得到處拜託大家給機會。好不容易慢慢有曝光，最近感覺邀約變多了，總算熬出頭，準備再加把勁。他問我接下來該如何推？我說：「別衝太快讓觀眾失去新鮮感，你要好好拿捏其中分寸。」

許多人做事一味往前衝，不知道有時候必須停下腳步，等到發現衝過頭了，常常遺憾已經造成，要回頭都很難。

想起自己繪畫的經驗，每次一開始都很興奮，各種想法不斷湧出，整幅畫的雛型早已在腦袋中成形，只等著趕快呈現在畫紙上。因為太投入，急著把當下感覺抓住，於是拚命畫呀畫，好像著了魔一樣。

等到告一段落，停下來仔細一看，完蛋了，兩個半小時前那些在腦海中爆炸的創意火花不見了，因為衝太快，把好好的一幅畫給毀掉，如果二十分鐘前停下來審視這件作品，或許還來得及。但不死心的我，又開始想補救的辦法，這裡修一下那裡改一點，可是無論怎麼改就是不對勁，回不去了。

就像有時候經紀人拚命幫藝人接案子，可能一時收入增加，卻因為沒有做好整體規劃、形象管理，沒有過濾不適合的邀約，曝光過度，少了新鮮感，以致於影響演藝生涯。所以要懂得適時停下來，或者不要太在乎當前利益，隨時檢視自己和周遭環境，培養收放自如的應變能力，才能走更長遠的路。

寫 下 你 的 關 鍵 字

人生關鍵字
KEYWORD 17

設想

任何事情提前準備，
可以減少煩惱、化解衝突。

一位已經過了適婚年齡的女性友人不太喜歡參加同學會，因為大家很愛探問：「你怎麼還沒結婚？」她總是瞬間臉紅，口乾舌燥，不知如何回答，回到家還懊惱很久。

如果換成我，就會笑笑地說：「就是沒人要呀，你幫我介紹吧？」甚至在別人還沒有問之前就主動開口，帶點自嘲的語氣：「哎呀，好羨慕你啊，有老公小孩，不像我都沒人要。」別人一定會說：「怎麼可能，是你眼光太高了……」他們聽到稱讚，一方面心裡高興，二方面比較不會用窺探的口氣，反而會真誠地關心。

為什麼很多場面我好像都能應付自如？看起來老神在在的樣子。並不是我比較厲害，反應能力很強，或臉皮比較厚。拜託，我有時也很沒自信，也會緊張好不好！就因為如此，我總是會早一步地去想事情。

譬如參加同學聚會之前就會開始設想，那個場合大家都會聊些什麼話題呢？如果被問到比較敏感的事情，該怎麼回答比較好？不斷在心裡反覆模擬演練各種狀況，而且回應多半採取自嘲的方式，本來在這種場合，大家都是隨口問問，因此不必太在意。

演講的時候，別人看我在台上是high咖，事實上初期常常也會緊張到冒汗胃痛，幾年下來漸漸變得熟練，但還是有失手的時候。記得有一次的Q&A時間，台下突然冒出一個完全無法接招的問題：「曲老師，你對死亡的看法是什麼？」當時腦中一片空白，杵在那裡好幾秒，答不出來，真是尷尬到不行。從此之後，每場演講，我一定把聽講的對象、年紀、關注的事情等等先做好功課，設想他們可能的反應和提問，幾次下來，就變得比較得心應手。

身為老二，我從小觀察力就強，只要家裡氣氛不對，我都是第一個察覺到。看到姊姊或弟弟做了什麼事惹爸媽生氣，我除了安慰他們，也會避免犯同樣的錯誤，並想像如果遇到這些情況時怎麼辦。譬如數學考壞了，回到家就會自動自發坐在鋼琴前，媽媽覺得奇怪，一翻我的書包看到成績單立刻恍然大悟，但看我乖乖練琴，也就不好發脾氣。

最近認識一位年輕人，為了出櫃，也是在心中反覆思考，模擬如何跟家人溝通。好不容易鼓起勇氣說出口，只見媽媽流著眼淚，情緒就要大爆發，他馬上接著說：「我知道你跟別的媽媽不一樣，你還是愛我的，不會把我趕出家門，對不對？」原本媽媽眼中的憤怒和震驚，被這句話軟化，母子兩人相擁痛哭，態度逐漸轉為接受，化解了一場家庭革命。

遇到事情之前如果能快一步、快一秒地設想，常常就能把氣氛輕鬆化解，避免尷尬，甚至讓無望的情勢翻轉。

寫下你的關鍵字

人生關鍵字
KEYWORD 18

暫停

心靈上的暫停，
可以讓我們更清楚地看見自己、
聽見內心最真實的渴望。

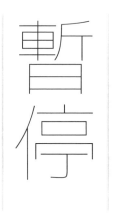

最近有種被掏空的感覺。

過去幾年因為多方擴展領域，很快累積出名氣。有知名度的感覺很不錯，確實帶來許多好處，例如買當季衣服，有些合作過的牌子會立刻下殺七折。搭飛機時空姐會特別送我紀念品，去餐廳用餐也會被特別招待。

很幸運地也受到大家喜愛，許多人告訴我，他們從我身上得到鼓勵與勇氣，喜歡我不論幾歲都有一顆年輕的心。有人在路上遇到，總會開心地跑來合照，有時看到害羞的、想合照又不敢要求的人，我會主動招呼：「要拍照嗎？」在能力範圍之內，希望大家都開開心心。

許多媒體採訪總是要我談二手娃娃收藏，不管已經重複過多少次，他們還是希望講幾個特別的、有關娃娃的故事，我也會順著期待再說一遍。但有時我會想安靜一下，因為身心很疲憊，什麼話都不要講，合照也不要拍。

想起以前剛開始演講時，情況滿慘的，通常只有小貓幾隻，但即使如此，上場之前還是會緊張到胃痛。現在一千多人的場子早已駕輕就熟，可以掌控全場的氣氛。有一次一位演藝圈的前輩問到我的近況，我還很得意地和他分享，那時他竟然告誡說：「差不多了，你可以暫停一下。」當時不明白他的意思，現在卻懂了。

人生有時候需要暫停一下。當我們不斷追求某些東西時，相對也會失去某些東西。十八年前剛回台灣時，沒有人知道我，但卻有滿滿的經歷、故事和衝勁。現在很多人認識我，卻不再有新的東西進來，自己變得有點心虛。

很渴望能有新的代表作，需要有時間精進。暫停會減少曝光，別人會不會因此遺忘我？世界變化這麼快速、又容易喜新厭舊，如果連最喜歡我的年輕學生們都不記得了，那我存在的價值是什麼？但是，回過頭一想，難道我的存在是建立在別人身上嗎？一旦失去他人的肯定就沒有價值了？

唯有心確實安靜了，不受外在誘惑、影響，你才能去到一個安靜的、與世無爭的地方，沒有競爭、沒有排名，不被知名度左右，不在乎別人的評論，不用做符合期待的事。這時你才能看清楚這一切，而有自己的答案。這種心靈上的暫停，可以讓我們更深入地看見自己、聽見內心最真實的渴望，重新再累積，路也才能走得更遠更久（曲老師也正在努力中）。

人生關鍵字
KEYWORD 19

防護罩

只要你的心不隨別人起舞，
外界的雜訊就會自動消音。

曾經在一個國際研討會上，為一位獨立製片的動畫導演做翻譯。觀眾很多，大家也問了各種問題：你的靈感都是怎麼來的？如何才能更有創意，說出一個動人的故事？你都如何紓解壓力？……

當時她一直面帶微笑，好像專心地聽著台下的提問，但她的回答卻讓我不知如何翻譯。她說：「我有一個防護罩，即使是像現在這樣的場合，都能保有一個純粹的自我空間不被干擾，這也是我可以專心創作及靈感源源不斷的原因。」

我心想大家聽得懂這個回答嗎？什麼是防護罩？她又為什麼能融入觀眾還能不受干擾？

但現在已經可以理解她所說的防護罩。這是一種不讓心隨著外在環境轉的能力，因此即使周圍吵雜不休，也會被防護罩隔音，別人的批評指責全都被防護罩彈回去，也就是你的心不會隨別人起舞。

我原本是個很容易被外在環境影響的人，譬如經紀人打電話來討論活動表演等等，即使手邊正好有別的事在做，腦袋就會開始分心想東想西，如果又有第二通電話來，就會離原來該做的事愈來愈遠。或者帶媽媽去旅行，原訂的行程如果有一點變動，譬如航線、飯店改變……「這樣媽媽會不會滿意」的擔心也馬上出現在腦海中。或是手機一直有訊息進來，分散注意力……

因為腦袋經常處於高速運轉狀態，時刻都在胡思亂想，所以平常一有空就放空，或是花時間放鬆自己。另一個老師的方法是，當她在評論學生作品時，會因應自己的狀態適可而止，記得我還很吃驚地問她：「還有很多學生的作品沒有評論呢（一班有一百個學生）？」但她認為自己已經達到極限，再講下去教學品質也不會提升。像這種對自我的深刻認知也是一種避免被掏空的防護罩。

只要慢慢地訓練，每個人都可以切斷外來的干擾，保有充滿能量的自己。有了防護罩，情緒應該會更穩定，更容易專注。你，也有防護罩嗎？

人生關鍵字
KEYWORD 20

安全感

東西不能給予安全感，
只有自信才有這種力量。

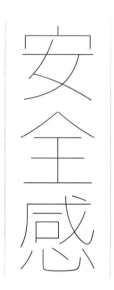

最近持續在整理房子，從臥室到畫室、工作室，不斷在做淨空的工作。臥室甚至簡單到只有一張床，其他櫃子擺設等等一切都沒有，媽媽看了很擔心：「這樣好嗎？房間空蕩蕩的看起來像靈堂。」

為了專心畫畫，畫室也重新整修過。以前這裡簡直是雜物間，至於工作室更不像話，東西都要滿出來了。一個朋友曾告訴我，她家是四層樓的透天厝，但東西卻堆到舉步維艱。由於多年前爸爸拋棄了一家人，媽媽頓時失去安全感，漸漸出現愛亂買又會亂撿的習慣，嚴重到連人家不要的紙類都搬回去，家裡好像資源回收站，連走路、轉身的空間都沒有，而且不准小孩碰。雖然朋友盡力幫媽媽處理、丟棄，但又馬上恢復原形，不免覺得媽媽好可憐，一個人和滿屋子的雜物、垃圾住在一起，更形寂寞。

在美國也看過介紹囤積癖的節目，不管有錢沒錢，家裡都像垃圾場。我想那些有囤積癖的人，一定是人生中有哪個點過不去，如同朋友的媽媽一樣。

其實我也很會囤積東西，剛從美國回來時，把所有歷任男朋友給的小禮物、兩人的共同回憶，連去旅行的票券之類及在求學時期的光榮事蹟、獎盃獎狀等等擺滿整個工作室。記得後來在台灣的交往對象一走進來就受不了，當時心想他度量真差（還是東西多到令人窒息？）現在才知道之所以那麼執著留住過去的回憶，無非是懷念往日的時光，覺得那是我的人生獎盃。

曾經大力整頓了一下，但沒幾個星期又故態復萌，總覺得空空的很沒安全感，這像曲家瑞嗎？怎麼可能？太沒個性了，於是又開始買、用力擺滿。

大家都知道我收集數千個二手娃娃，開始時是有計劃性地購買，到後來完全失控，看到就要，連有沒有空間擺放都不考慮，甚至很多都沒拆封，簡直到了走火入魔的地步。直到有一天，連我自己都負荷不了，如果收來的玩具，只是到處亂丟，無法給予完善的照顧，甚至都沒有花時間了解，又有什麼意義呢？這才下了痛苦的停手決定，偶爾收收好友給的（希望這次可以持續，不要再發作了）。

一邊整理物品，一邊也在整理自己。或許我也像那些囤積癖一樣，人生中有個點還沒過去，那應該是對自己極度沒有安全感，才會需要這麼多東西來圍繞、武裝。曾經就有人問我：「你收藏這麼多娃娃，是不是因為很孤單寂寞？」雖然一直鼓勵大家要有自信，事實上那也是在對自己喊話。也許可以從放掉一些東西開始，當不再依賴充滿過去回憶的空間，就是我們向前走的時候了。

寫下你的關鍵字

人生關鍵字 KEYWORD 21

眼光

學習對每一件事做更深更遠的思考，
而不是著重當下的利益。

曾經教過一個資質相當好的學生，但大一沒念完就決定休學了，為什麼呢？因為他覺得在學校學不到什麼，決定早點去業界工作賺錢。雖然老師們極力勸阻，他還是選擇去動畫公司上班。

不知道他後來的狀況如何，但我十分明白這種工作非常辛苦，可能兩、三年就會被榨乾了。一直覺得很可惜，十七、八歲的青春時光，吸收力正好，應該用來全力學習，讓自己的腦袋被啟發，為人生奠定基礎。但許多人卻提早出社會，不是打工，就是像這位學生直接休學去上班。有些是家庭環境不允許，必須自己籌學費、生活費，但無論如何，最好不要本末倒置，變成全力打工，不來上課。

學習把眼光放遠，不要只考慮眼前的事實。媽媽的一位女性好友，年輕時家庭環境好又長得漂亮，有一位論及婚嫁的男友A，因為家世不夠好，父母不太贊成，於是積極安排相親，看上一個優渥人家的兒子B。女孩子一方面因為父母的壓力，一方面覺得與其和A一起吃苦奮鬥，未必有美好未來，如今可以當現成少奶奶也不錯，於是就和B結婚了。

故事的發展如何呢？有錢的老公嬌生慣養，不用心經營家庭，事業一路走下坡。分手的男友出國唸書，後來開公司，經營得有聲有色，也結婚生子。多年後偶遇，女孩才知道前男友娶的是自己的朋友，因此一直到現在，彼此有時還會見到面。我不知道她有沒有後悔，但肯定很不是滋味吧。

人生會有什麼變化，其實很難掌控。但要學習去做對的選擇，也就是練習更深更遠的思考，而不要把焦點放在當下的利害。有一次去買衣服，同時看上兩件價位相仿的，一件是限量設計款，造型非常搶眼，走在路上絕對會吸引別人的眼光。另一件是很樸實的帽T外套，設計簡單，材質好穿起來又暖和。在專櫃前天人交戰好一會兒，店員一直遊說我帶那件設計款，她說：「這可是大家搶著要的，穿出去絕不會撞衫……」但最後的最後，我選擇了外套。

老實說不是沒有動搖過，但是仔細地再三考慮，問我的心：「是啊，穿上設計款那件，一定會有很多羨慕讚賞的眼光，但其實並沒有想像中那麼好看，只是一時虛榮而已。而且很難和其他衣服搭配，我可能穿了兩次就會收到衣櫃深處。」外套卻百搭，我應該會一直穿。果然那件因為四季皆宜，曝光率很高。再次覺得真是做對了選擇。

眼光真的很重要，從買東西到人生的決定，任何一件事，因為看得長遠，可能就改變了人生呢。

寫 下 你 的 關 鍵 字

人生關鍵字
KEYWORD 22

期許

可以去一流的地方就別待在二流，
不要把自己看低了。

近幾年很流行打工度假，許多年輕人都趨之若鶩，有些人甚至把不錯的工作辭掉，只為了去國外體驗一下生活。也有些人是為了賺錢，聽說工資比較高，努力一點，一年可以存到一桶金。

每個人選擇打工度假的目的不同，但很多人是盲從。聽別人講有多好，自己也沒有想得很清楚，就毅然把工作辭掉，以為出國就能改變目前不滿意的人生。一位年輕朋友就是這樣，他不想在家裡的小吃店工作，覺得沒有前途，決定去澳洲打工，一年到期之後，還沒玩夠又延一年。但缺乏進一步的規劃，兩年後還是回到自家幫忙，原本想改變自己的未來，結果還是維持現狀。現在的他，眼神中沒有夢想的光彩，只有接受。

認識的一個女孩本來在遊戲公司工作，那時這個產業正要起飛，她的能力很強，前景相當不錯。但因為壓力很大，身心耗竭的她想藉由打工度假尋找出口。當時老闆極力挽留，朋友們也覺得努力這麼多年，有了一定的成就，放棄實在可惜，希望她可以再撐一下，或想辦法調適。但她還是決定辭職，一年後回來，職位早已被取代，只能在家接案。

另外兩個朋友則是對原來的工作、薪水不滿意，帶著幻想出國，才發現打工的實際狀況和想像不一樣，洗盤子、掃廁所，不然就是田裡的粗活……一位三個月就撐不下去，另一位半年就跑回台灣，兩個人還是回到原來的公司，繼續充滿抱怨的工作。

好不容易有這樣一段在異國的時間，需要好好仔細規劃才不會枉費。就像很多人選擇去澳洲，去的卻是八線城市。臉書上是多了高空彈跳、潛水的照片，但最有名的雪梨卻沒去，更不用提著名的歌劇院連一眼也沒看過。

我常常覺得很可惜，三十歲之前是人生的黃金年華，去國外沒有學到一技之長，卻在洗盤子、掃廁所中浪費掉了。雖然也有人變成打工達人之類的，但這樣的成功案例屈指可數。以前在美國唸書時，在紐約看到很多華人移民的血淚故事。他們都懷抱夢想，來美國唸書，為了賺取學費生活費去餐館打工。因為小費很多，最後打工變成主業，唸書是副業。機運好的可以開一家自己的中餐廳，不好的就一生都在端盤子，離他們當初來美國的夢想愈來愈遠。

有個學生某一年暑假花了十幾二十萬去美國紐約遊學。回國後一問之下，才知道學校位於紐約州的鄉下地方，他還很開心地補充，一個星期只要上幾天課，其他時間都可以搭一個半小時的火車去紐約市觀光旅遊。

如果換成我，還不如把那筆錢拿去上紐約的哥倫比亞大學暑期班，可以接觸到一流的教授、優秀的學生，看到菁英的學習態度，還可以見識到紐約做為全世界最繁華大城市的精彩。

記得姊姊當年申請大學時，媽媽就帶她去拜訪各個一流學府，康乃爾、布朗、耶魯、哈佛（常春藤聯盟 Ivy League）等等。雖然明知有些大學不太可能上，但是進到校園，會不由得從心裡升起一股鬥志，想要拚拚看。

要對自己有更高的期許和目標，能去一流的就不要去二流，能去二流就不要去三流……如果把自己看低了，可以去一流卻一直待在二流，除了讓你有安全感及安慰之外，並不會進步。其實人生都要靠自己規劃，有什麼期許，就會知道該如何做，至少也會慢慢摸出方向。

人只要對自己有期許，就會努力往上爬。唯有這樣，才能讓人生鍍上一層永不褪色的光彩。

人生關鍵字
KEYWORD
23

勉強

逼自己再跨出一步，
去做超出舒適圈的事。

你曾經勉強自己做過什麼事情嗎？

每到期末我都會要求大一學生投入更多時間畫一幅巨作，連續四個星期把它完成。通常兩星期下來大家會愈畫愈無力，進度不是像龜速就是停滯不前。

後來仔細一想，以前在美國唸書時，學校的老師一人負責十幾個學生，幾乎每個都可以照顧到，給予充分的建議、指導和鞭策，所以大家都愈畫愈投入。如今在台灣一個老師要帶五、六十個，還真是鞭長莫及啊。而且現在學生的專注力不比從前，一堂課三個小時下來可能都精神渙散了。

創作雖然沒完成，但下課鐘響走人，誰也沒有錯。只是覺得這件事就這樣結束很可惜，於是強制學生留下來，一路畫到晚上八、九點，甚至更晚。當然有人抗議，但我不為所動，恩威並施，除了逼迫，也在一旁鞭策、陪伴、鼓勵他們。

沒想到這個方式奏效，進度愈來愈快，原本只完成百分之五十的，可以提高到百分之八十，作品的品質不斷突破，戰鬥意志也愈來愈高，在互相感染之下，學生們的情緒都很高昂。有些起跑較慢的，也逐漸抓到自己的調子，有了雛型。人其實都會有惰性，因此有時必須勉強自己設定一個目標，逼自己再踏出一步、再往前一尺。

到了今年的期末，學生們還是沒能在期限內完成作品，我依然苦口婆心鼓勵他們，卻沒有任何起色，加上距離繳交學期末總成績的時間只剩下幾天，心想就不要勉強他們，決定換一個方式，我說：「這裡有兩種選擇，一是相信自己繼續努力拚拚看。如果不想畫，我也不勉強，一律給八十三分。」

話才說完，只見大家低著頭，現場一片沉默。「你們都不講話是什麼意思？」不知過了多久，終於有一個學生舉手：「老師，我想給自己一個機會再試試看。」接著又有一個、二個附和，當下我感動得真想哭，但不到兩秒，突然聽到一個聲音：「老師，我不想畫了，請你給我八十三分。」有人起了頭，陸陸續續更多人也選擇離開。「確定不要再試一下嗎？」我試圖鼓勵：「你們絕對有能力可以畫到九十、一百分的。」

結果還是有很多人選擇不想勉強自己，本來可以更好的，卻在這個時刻寧願留在原地，連試都不想試。我難過地心想：「才大一就這麼輕易選擇放棄，將來出社會怎麼辦？」欣慰的是另外一群決定挑戰自我的學生，留下來徹夜畫圖，三更半夜裡，整個系從走廊、教室到大廳中庭，只聽見炭筆在畫紙上來回磨擦的聲音，整個空間洋溢著創作的能量，簡直比菜市場還熱鬧。

我在他們身上看到一種企圖往上的力量，每個人都超越原來的自己，同學們興奮地說：「想不到能完成這樣的作品，真的太high了！」甚至有人放暑假了，還留在學校繼續畫。尤其值得一提的是，原本成績就不高，經過努力也只能獲得七十幾分的人，他們選擇不去拿現成的高分，而是踏實地磨練，光是這種勉強自己再往前一步的精神，我認為絕對都值得一百分。就因為「勉強」，不只學生，連我也有了一次意外的收穫。

人生關鍵字
KEYWORD 24

行動

問題不解決，
永遠都會是問題，
它不會消失。

有一個時期的畫作像建築結構圖，一張張不同畫紙上的柱子拼疊在一起，形成一種特殊空間，而我在其中。

乍看之下，畫面呈現出來的空間非常堅固，我被包圍在內很安全，但其實只要抽掉任何一張紙，結構馬上被破壞，隨時都會倒。

繪畫是抽象的，但也是直覺的。它反映的全是當下畫家的心境，因此知道當時的我，外表看似很好，其實對未來充滿不安和徬徨，一切顯得如此完美，但可能一碰就碎。必須決定往前往後，或往左往右，而不能停在那裡。如果沒有任何動作，只是一直停在那裡，停在那個假性的舒適圈、危險的美好中，哪一天這個架構被抽走了一角，我也就毀了。

就像覺得自己這個不行、那個很弱，如果只是一直抱怨，永遠解決不了問題。以前可以不去正視自己的不安和徬徨，不去追究根源，但現在的我，年紀大到已經知道，逃避只能太平一時，沒有解決的問題，不管經過多少年，都會回頭來找你。

有一陣子不太畫畫，以為這樣這件事就不存在我的生命中。然後進了演藝圈，有了知名度，賺了很多錢，有一大群粉絲，也寫了幾本書。我做這個做那個，就是沒畫畫，雖然經常畫一些小圖，但那和藝術創作還是不一樣。

我把自己弄得很忙很滿，但心裡非常明白最對不起的，就是最愛的畫畫。這件事被擱在人生的最角落太久太久了，好幾年來只有在沮喪、難過的時候才會走進畫室，不願面對它不斷地呼喚。雖然我是個很會拖又愛找藉口的人，但無論如何，絕不會擺爛。最近終於採取行動，把畫室重新整修淨空，因為我知道，終究得回到生命中給予力量和安定的最愛——畫畫。

人生關鍵字 KEYWORD 25

紀律

不能想到再做。
持之以恆，
你也有可能變成達人。

許多人雖然知道自己喜歡做什麼，也去做了，但卻沒有辦法持續，不然就是做一陣子停一下子，老實說，我自己也是這樣。

很早就明白畫畫是我的天命，一旦沉浸在其中，所帶來的快樂和心靈的豐富是任何事都無法給予也無法滿足。

但有一陣子卻遠離了它，把生活排滿各種事情，即使有時間，也會為自己找各種藉口：最近心情不對、畫室太亂了、有更重要的案子插進來、我戀愛了、我失戀了……總之，畫畫這件事被無限期順延，排在最後的最後。

其實我很小就知道紀律非常重要，三歲開始拜師學琴，每天都有一定的進度，如果沒有在鋼琴前坐上一、二個小時，根本就成不了氣候。尤其高中時，每個星期要練五本樂譜。有時貪玩，常常等到上課前幾天才臨時抱佛腳，根本完成不了老師給的目標。彈琴最能體現紀律的重要性，如果沒有天天練習，馬上就會退步。

有個知名作家，除了寫書之外，還身兼數職，可以說非常忙碌，但他已經出版超過一百本作品，而且銷量都很好。為什麼這麼忙還能有這樣的寫作量？主要是紀律，即使出差、旅遊，每天都會維持一定的文字量，面對自己最喜歡的創作，從不會隨心所欲，想到再做。

有人可能會覺得寫作、畫畫不是要等靈感來嗎？不，沒有所謂靈感爆發這回事！不能想到再做，感覺對了才做。就像我也告訴自己，不能遇到挫折失落時，才沮喪地走進畫室尋找安慰。

英國有一個很著名的藝術家，生前創作了將近兩百幅畫，每一幅都是經典巨作！這對我是很大的刺激，試想以我三天打魚五天曬網的習性，就算現在開始專心創作，即使到了八十歲，恐怕也累積不了那麼多，就算數量達到，品質也不一定符合自己的要求，更別提要留傳後世。

以前常鼓勵大家要找到自己熱愛的事情，現在要更進一步強調「去做」，持續不斷地精進。對品酒有興趣，就把紅酒喝個透澈，研究相關知識。喜歡攝影、喜歡寫作、喜歡美食、想把語言學好……不管什麼事，紀律真的很重要，每天去接觸去進行去做，愈來愈純熟，就有可能變成達人。

人生關鍵字 KEYWORD 26

同理心

站在別人的角度，
很多事情就不難理解。

除了閱讀，老實說，人才是我最好的書本。很喜歡和人接觸聊天，這樣的互動讓我的觀察變得更敏銳細膩，並熟知附近鄰居的大小事，他們甚至開玩笑說我可以去選里長了。不知道是不是因為這樣，很多人會跑來找我聊天談心事。有些人遇到困惑或工作有瓶頸，也來找我商量希望我給意見。遇到我，好像都很容易打開話匣子，會想來講講話。

有人曾說，因為我有同理心，走過的人生也充滿各種困惑、挫折、失敗……因此別人的心情我很容易體會。但並不是人生很曲折才能感受同理心，而是仔細聆聽，試著站在對方的立場為他設想，那麼不管是工作或生活，就會多一點包容，少一些批評指責。一旦不是從自己的角度出發，你就會發現理解別人並不是一件很困難的事。

人生關鍵字 KEYWORD 27

開關

你可以決定開始，

當然也可以決定結束。

瞬間切換的能力，其實每個人都有，而且可以運用在任何事情上，關鍵是你的「心」。譬如出門前我都會照一下鏡子，如果看起來有點垂頭喪氣、愁眉苦臉、精神萎靡……我會馬上告訴自己：「又不是世界末日，開心點，全新的一天正在等著我呢！」讓自己high起來。連自己都不想看到的樣子，怎能再用那樣的狀態去和別人相處呢？不是很殘忍嗎？光想到這一點，我就可以讓沮喪愁苦的臉，立刻展開新氣象。

就像開關一樣，學習每天讓自己的心情做適當的調整。久而久之，對於一些習性，也能快速做切換，譬如戒菸。很多人戒不了菸，但我有一天決定不抽，就再也沒有碰過。也許有人會說你一定沒有菸癮吧。No，我抽了

十七、八年，菸癮可大了。心情好的時候會隨手點一根，不開心的時候第一件事也是找菸，耍帥時一定要夾根菸，沮喪時也抽，想事情更要抽，沒事也要點根菸放著，總之隨時有菸在手上。曾經在紐約下城東村（很多龐克、年輕藝術家出沒的地方），有一次走在路上突然菸癮犯了，口袋剛好沒有，見到前方路人丟下沒抽完的菸，二話不說立刻撿起來繼續抽，我的菸癮是大到這種程度的。

從小看著爸爸菸不離手，他的辦公室裡常常煙霧彌漫，菸灰缸裡總是插滿數十根菸屁股，因此對抽菸這件事並不陌生。但開始抽菸是自己決定要抽，並且還有一個儀式。

那時剛進大學念藝術，看到系上不少學長、學姊在畫室裡作畫的身影，真是帥極了。不過想要進他們的畫室可沒那麼容易，得經過邀請才行。就像大家想像中的藝術家一樣，學長學姊們互相討論交流作品時，習慣叼根菸，想要加入他們的社交圈，不只創作必須得到認可，會抽菸更加分，有同一掛的感覺。

但我並沒有因此馬上學會抽菸，而是到了大一上學期結束，為了慶祝自己熬過艱難的第一學期，決定來個成年禮——抽菸。

慎重選了期末最後一天，同學都走光了，我準備好一包菸，抱著期待又好奇的心情，抽了人生的第一口菸，結果馬上被嗆到，第二口更嗆，一直猛咳，這才明白原來抽菸是這種感覺啊。

從此它成為生活中不可或缺的，一直到三十四、五歲吧，身體出現狀況，為了找出原因，陸續把一些壞習慣改掉，生活飲食全面調整。其中菸最難戒，也是最後戒的，就像當初有個開始，我也給了菸一個退役儀式，在心裡告訴自己：「從今天起我的生命中就不再有你了，相信我會過得更好。」菸不再有意義，從此就不抽了。

既然可以開始，當然可以結束，小至情緒的轉換，大到習慣的戒除，那個開關都是在自己手上啊。

寫下你的關鍵字

人生關鍵字 KEYWORD 28

單純

有時候事情很單純，
是我們複雜化了。

最近看到一則新聞，某個男人到超商買東西，店員找錢後，他竟然很生氣地揮了對方一拳，理由是店員的一個眼神，讓他感覺被蔑視。店員喊冤說，他並沒有啊，找錢的時候都跟平常一樣，家境貧寒的他，來超商打工賺錢，不明白為什麼平白無故挨打？

記起自己的一個經驗，有一次LINE了朋友想請他幫忙，結果五分鐘之後都沒有回覆。這三百秒我的腦袋大概出現一百個以上的想法：他為什麼沒有馬上回？已經兩分鐘了，怎麼還沒回？他在想什麼，現在到底是怎樣？是不願意嗎？我剛剛的語氣不夠好？還是他不想理我？就在愈想愈糟糕、很懊悔發了這個訊息時，回覆來了。

當時心裡喊了一聲好險啊！按照以前的個性，如果沒有立即收到回覆，我會很受傷，愈想愈氣，進而馬上封殺這個人，並且補上一句「沒關係，不用麻煩了」之類的訊息，結果是錯怪別人了。

像這種想太多的誤會應該很普遍吧，尤其現在通訊軟體很發達，還有各種圖像表情符號等等，人和人之間的溝通不是應該變得更順暢嗎？但人們的心思反而變得更複雜，也更焦慮：已讀不回是什麼意思？他寫這句話是帶著什麼樣的心情？不斷地揣測、自我解釋。就像別人的眼神沒有什麼意思，有人卻可以解讀成瞧不起或找碴，我們常在報紙新聞上看到的不都是這樣，KTV中兩路人馬因為一個眼神而大打出手。

人其實是很脆弱的，很害怕被否定或被拒絕，因此可以把百分之一放大成百分之百，把無意解釋成有意。我們的行為常常反應了當下的心境，下一次開始胡思亂想時，不妨回過頭來問一下，會不會是自己想太多啊！

人生關鍵字
KEYWORD
29

不計較

愈喜歡和別人比較，
痛苦指數就愈高。

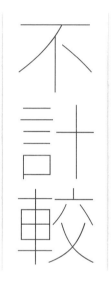

我其實是個愛計較的人，爸媽每次問意見或商量事情時，總是從姊姊開始，讓身為老二的我既不太能接受，心裡又吃味。姊姊的東西總是比我多，什麼事情都以姊姊為優先，老大說過話才輪得到我發表意見，禮物也是她先挑才輪得到我……難道出生的順序就決定了一切嗎？

不只計較爸媽的態度，也很在意為什麼別人比我紅、通告費比我高？粉絲比我多？為什麼我排的隊伍前進得比較慢？點的餐來得比較晚？為什麼為什麼……

很苦惱這樣的性格，愛計較讓人不快樂，也容易形成嚴以待人、看誰都不順眼的狀況。有一次去超市買東西，不巧的是輪到我時，收銀機的發票剛好用完，店員很客氣地抱歉：「請等一下，換個發票，馬上好。」

也許是新進員工，操作過程不太順利，花了許多時間，我逐漸失去平常的耐性，臉色愈來愈難看，心想：「早知道就排另一邊，怎麼這麼倒楣，剛好輪到我就沒發票了！」總之，那個愛計較的小鬼又開始活躍。後面陸續排了很多人，店員更加手忙腳亂，我開始發出不耐煩的嘖嘖聲，又故意頻頻看手錶，就在焦慮差不多到達臨界點時，腦中突然閃過一個念頭：「幹嘛呀？你以為自己是誰啊，人家又不是故意的，何必在乎那幾分鐘呢？」

才這麼一轉念，臉上緊繃的肌肉頓時鬆下來，感覺罩頭的烏雲突然放晴。其實仔細一想，姊姊從來不跟我計較，她知道我的心結之後，都會讓我先挑禮物先做選擇。而那個店員也沒有用惡劣的態度回應我的煩躁，她大可視而不見，而不必向我道歉。所以之後遇到類似的狀況，我都會說：「慢慢來，沒關係。」人有時候難免愛計較東計較西，因為一些微不足道的事，把自己搞得心煩氣躁，也影響別人，想想還真划不來啊。

人生關鍵字 KEYWORD 30

不在意

如果一直在意別人的說法，
日子一定很難過。

比起演藝圈，學校是相對單純的地方。但是一開始踏進這個圈子，我腦海裡也完全沒有害怕兩個字，反而像劉姥姥逛大觀園，覺得一切都很新鮮有趣。

因為是新人，容易被忽視，在化妝間要等資深藝人先畫；錄影時畫面停留短暫；節目裡講了很多，等到播出卻被卡掉，只剩一、兩句甚至剪光光……新人要熬出頭，確實要有耐性和機運，但在這個階段，可以隨心所欲地發表意見，就算鏡頭不多也令人很開心。

漸漸有了知名度之後，也有了包袱。因為不知道會如何被解讀，所以開始注意自己說話的內容。就像媒體有時候會扭曲受訪者的意思，不然就是報導有出入，看著這些文章，總是會納悶：「我是這樣說嗎？」

除此，因為經常上節目、曝光高，就有人開始質疑：「那麼多外務，不會影響到教書嗎？」其實我的演藝工作多排在教課之餘，加上單身，比起有家庭的老師，要煩憂的事務相對單純，閒暇時間比較多，自認對教學一直很投入，因為這是我非常熱愛的工作，有時甚至在學校評圖待到三更半夜，但別人不見得理解這些付出。大家只看到曲老師一直出現在螢光幕前，一定把本業都耽誤，因此難免會有誤解。但是為什麼人不能有各種嘗試和可能性，只能侷限在原來的位子？

也曾被人批評過：「你一個大學教授，怎麼可以亂講？」記得有一次上節目，現場請來許多在國外求學的藝人。某位來賓提問：「你學歷這麼好，為什麼要進演藝圈？」我隨口說：「因為這裡需要高學歷的人啊。」聽到這句話，主持人的臉都綠了，當下就知道自己講錯話。事實上這句話在自嘲，但聽在別人耳裡，卻變成一句嘲笑。

前陣子我的一段話被某製作單位斷章取義，用來歧視某一類型的男人，一時引起軒然大波，對很多人造成傷害，紛紛來我的社群網站留言表達不滿。其實我並沒有那樣的意思，固然難過，但多做解釋也只會引來更多的反彈。事後製作單位向我道歉，我也覺得就讓它慢慢平息，反正曲老師的為人是禁得起時間考驗的。

一開始被曲解說話的內容時，我一直耿耿於懷，後來明白根本無法控制媒體要如何報導，製作單位要如何播出。面對別人的批評，不論如何解釋，也不一定得到理解或接受，慢慢地，我也學會放下。即使透過相同的語言，人們都很難完整正確地接收到訊息，如果因此而傷心不愉快，那日子還真難過。我們無法跟每個人解釋，但只要對得起自己，我想，其他一切其實不必太在意。

寫 下 你 的 關 鍵 字

人生關鍵字
KEYWORD 31

獨立思考

不用討好誰，
最重要的是你怎麼想。

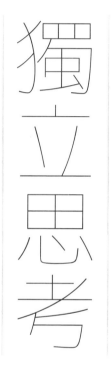

獨立思考是人生中很重要的一件事，但從小身為老二，即使有意見，爸媽也都優先聽姊姊的，不然就是被喝斥不要亂講。久而久之，我最常講的口頭禪就是「不知道、都可以、跟姊姊一樣」。唸書時老是吊車尾，在好學生面前，成績不好的壞學生根本沒有講話的餘地，我本來話就不多，當然愈來愈沉默。加上台灣的教育都是單向式，學生只有接受的份，所以我都是當個聽話的乖寶寶，直到出國唸書，大二時才被一位老師狠狠敲醒。

學期開始，學校會安排幾個同學共用一間畫室，為了迎接與老師的第一次面對面評圖，我興奮地把開學一個星期以來的作品彙整起來，等老師來了拚命問：

「老師，你覺得我這幅畫怎麼樣？」

「這裡要不要加點什麼顏色？」

「那裡的筆觸還可以嗎？保留還是擦掉比較好？……」

她很嚴肅地看著我：「以後有任何問題，可以試著先問自己一遍。」

聽到這句話簡直傻了。「老師，你不就是答案嗎？我不是應該先問你？」

「No，我提供的只是一種建議和可能性，你不能盲目地毫無想法就來問我，如果我說這裡不好那裡不好，難道你要一直修改嗎？我希望你說出自己的想法，再來問我的意見。」她給我上了獨立思考的第一堂課。

到了大三，系上開放每位學生可以選多位老師來指導，我求好心切一口氣選了五位，等於一星期每天都會和一位老師見面、討論作品，藉此希望可以快速成長。

星期一，A說：「我建議你這幅畫可以更寫實一點。」於是趕緊把抽象的線條都修掉。

星期二，B一走進畫室：「咦，上禮拜討論到色彩可以更豐富大膽，怎麼沒朝這個方向發展？」我在心裡回應著「因為昨天A說要寫實一點啊！」結果他一走，立馬把畫布塗上一道彩虹。

星期三，C說：「之前談到你對城市的想像，怎麼畫面中只看到彩虹？」老師前腳才踏出，我趕緊拿起畫筆又加了很多大樓。

星期四，D說：「你身為台灣人，我們不是說好要有東方元素在作品中嗎？」雖然快瘋了，但還是火速把西方建築改成廟宇。

星期五，E說了……

A、B、C、D、E都是很有名的藝術家，個人風格強烈，為了滿足他們的要求，也就照著他們的建議做不同的修改，直到有一位老師受不了，他很生氣地問我：「天啊，這樣做究竟要討好誰？你不僅滿足不了任何人，還會因此得罪其他四個老師！這樣改要改到什麼時候？這幅畫作到底真正的你在哪裡？」本來我希望可以拿到好成績，結果不但作品畫到四不像，老師們看到我也都紛紛搖頭。

從小台灣的教育教導我們老師是對的，老師說的就是答案、要仔細聽。但我在美國的求學過程中，受到最大的影響就是獨立思考。要有自己的想法再和別人交換意見，而不是完全依賴別人給答案，或是人云亦云。有些人的建議是誠心的，有些人會給予專業意見，但重要的是你心中要有一把尺，而不要全部被別人的指點評論左右，畢竟這是你自己的人生啊。

人生關鍵字
KEYWORD 32

挑戰

跳出舒適圈，
勇敢去做超出能力的事。

教書七年後，在實踐大學當上系主任，做得非常得心應手。但有一天當時的所長把我找去，說要把位置讓給我。這一聽非同小可，連忙推辭。這幾年主任的位置遊刃有餘，對這個新指派的任務卻完全沒把握，還是待在舒適圈裡就好了。

於是很老實地跟所長坦承：「謝謝你這麼看重我，但我的年紀太輕、資歷不足，還沒有自信可以接這個職位，簡直是小孩開大車，不行啦。」

他一副聽不下去的樣子：「我重視的是能力，而不是年紀夠不夠資深，我要讓大家知道實踐已經準備好迎接這樣一位年輕的所長，你有點出息好不好！」

很慶幸我接受了挑戰，以前當主任時好像站在半山腰，上方還有雲層繚繞。當所長有如站在頂峰上，整個視野格局都不一樣了！這個位置可以讓我看到雲層之上還有很多山頭，那麼多優秀（男性，哈哈）前輩的照顧和提攜，讓我頓時心生勉勵，期許自己不要辜負被賦予的任務。

看起來好像如魚得水，事實上也是，那麼當初為什麼要拒絕呢？一來是我怕自己駕馭不了。二來當然是想太多，自己嚇自己。一般人大概都不喜歡做沒有百分之百把握的事，同時也會想這八成是苦差事。

它確實是一個挑戰性很高的工作，但決定之後，很快分析自己的優缺點。我有豐富的人脈，可以讓學校在國內和國際上的曝光度增加，而且和媒體互動良好，能把學校的知名度再提升。另外聘請了一個行政效率絕佳的執行祕書，以補不足的部分。那幾年按照擬定的方向，致力於教育、交流、參賽，可以說做得有聲有色。

每個人絕對都可以去挑戰超出自己經驗和能力的事，只要對自己有足夠的了解：擅長什麼，不擅長什麼？把優點盡力發揮，不足的地方不要去突顯或害怕，學習克服或找到可以互補的伙伴，那麼任何挑戰都可以勝任。藉由通過一次次的考驗，你就能站上頂峰。

人生關鍵字 KEYWORD 33

精進

成功的人不會留在原地，
而是不斷地讓自己變更好。

進入演藝圈這麼多年，上遍各大綜藝、談話性、外景節目，接觸過各個類型的妝髮老師，感謝他們的精心打理。每次素顏坐在化妝間，鏡子裡的我簡直像個鬼，約莫一個多小時後，經過彩妝師的巧手，化腐朽為神奇，才能青春洋溢、美美地出現在螢光幕前。有時候同場好幾位藝人要化妝，他們會很貼心地過來招呼：「曲老師，你先坐這裡，等一下就換你了。」

演藝圈是個競爭特別激烈的地方，不只藝人想往上爬，彩妝師也都想尋求更廣的發展空間。我所接觸到的彩妝師都是製作單位長期聘任，工作量很大，每次錄影都是一整天，好幾集節目錄下來，估計至少要畫一、二十個藝人。他們早上八、九點進棚，再出來幾乎都是天黑黑，工作既辛苦，壓力更是大，長期下來很容易倦怠、疲乏。於是有些人會開始尋求突破，精進自己的彩妝技巧和時尚品味，期待有朝一日找到最適合自己的舞台，L就是其中之一。

她永遠一身黑或白，外型素淨，俐落的短髮一直維持固定長度，乍看會以為她是平面設計師。但最讓我印象深刻的，是她的彩妝箱一打開，所有的保養品、化妝品、各類刷具一字排開，既整齊又乾淨，沒有一點灰塵宛如新拆封。自從第一次合作過之後，大開眼界，她會針對我的輪廓創作屬於我的妝，突顯曲老師的特色。終於了解為什麼她能異軍突起，成為許多名人以及藝人指定的合作對象。

L是如何走到今天的位子呢？當年她曾放棄多年努

力奠下的成績，在家人極力反對下出國進修，從零開始學習。國外教的不是彩妝技巧，而是帶學生認識化妝史，研究每個時代妝容的演變和社會環境的關係，學生必須畫出自己的作品，並上台講解。L說：「我自修的英文終於派上用場，但要解釋自己的論述簡直要我的命。」她還學習到不套模式，而是把每個人的特質表現出來。在這裡，化妝不是技巧而是一種藝術，已經提升到另一種層次。L受到很大的震撼，從此打開她的彩妝視野。

L很細心體貼，第一次就注意到我的眼皮容易過敏，當時我還頻頻抱歉耽誤她黏貼假睫毛的時間，她說：「這不是你的錯，如果早一點知道你的狀況，我會準備材質更好、梗更軟的。」事後還送來好幾盒特別訂製、適合我眼睛幅度的假睫毛。

我常常將她的故事和別人分享，不要安於現狀，遇到瓶頸要嘗試突破，鼓勵他們多進修。結果反應不是「我才剛買車耶，沒錢啦」，就是「我要養家，哪有時間」，總之有各種理由藉口。

有心的人會精益求精，無心的人只會著重眼前。我所知道的彩妝師L，既專業又謙虛，任何一個案子她都全力以赴。每天都忙得不可開交，她還是擠出時間再出國進修特殊化妝，已經站在高峰上，依然不斷求進步，你說怎麼不讓人佩服！

寫 下 你 的 關 鍵 字

人生關鍵字
KEYWORD
34

反省

現在請靜下心來想一想，
有哪些個性是自己不喜歡的。

你敢不敢坦誠地說出自己最大的缺點？

每個人都有缺點，在此要向大家告解曲老師有生以來最大的，讓我最親近的家人、情人、朋友、同事、主管、學生等都深受困擾、影響的事，那就是遲到。

在西方的 party 中，遲到是一種時尚和必要，代表你是忙碌的、炙手可熱，即使早已準備好，也要讓自己晚一點入場。而我則是受到爸爸的影響，小時候看爸爸總是最晚起床，吃飯也遲到，出門經常慢吞吞、拖很久，姊姊因為這樣養成凡事總是早到的個性，我剛好相反，覺得大人物就應該如此。

我曾經因為上課遲到被鎖在教室門外，去聽音樂會或看表演，也有因此被迫中場才能入場的經驗。跟將近八十歲的老媽吃飯，常常讓她等一個小時才出得了門。也曾因為遲到，和男友大吵，約會的興致破壞殆盡。計程車司機最常告誡我的一句話是：「你早五分鐘出門不就好了嗎？何必一直叫我快快快衝衝衝。」有幾次還因此而被趕下車。更別說遲到沒搭上飛機的糗事。曾經有學生看到我說：「老師，你今天好早啊。」但其實我已經遲到很久了。經紀人都會把我的行程往前挪一個半小時。我工作室牆上的鐘總是撥快二十分鐘，但其實快一個小時也沒有用。

最近某人語重心長地告誡我：「你一直讓別人等，從來不反省，根本是完全不尊重，沒有把別人放在眼裡的行為。」也有朋友說：「你對自己太有自信，以為可以同時做好幾件事，時間不會有問題，結果反而大失控。」不管原因是什麼，我以為小小的遲到並不礙事，因為事情真的很多很忙，常常連累到下一個約會。加上我是個完全融入當下的人，經常忘了其餘的行程。被這麼一說，才恍然大悟，自己的行為造成多大的困擾，但周圍的人卻如此包容我。媽媽肚子很餓，還反過來安慰我：「沒關係，我知道你很忙。」等了半小時的朋友也很客氣地LINE我：「家瑞，你在哪裡？快到了嗎？」其實他頭上已經在冒煙。

就算我待人親切大方，我的教學評價很高，媽媽說我是四個孩子中最孝順的，我在演藝圈的表現也很突出，但骨子裡的驕傲狂妄是不能被原諒的，別人沒有義務順著我。遲到就是遲到，沒有任何藉口。

於是開始反省，前陣子去參加一個會議，好險只遲了十分鐘入場，赫然發現竟然一個人都沒有，是記錯時間了嗎？詢問之下得到的回覆竟然是曲老師都會晚到，所以他們也就慢慢來。頓時心中有點悲傷，原來我遲到的形象已經根深蒂固，一時之間恐怕還難以扭轉。

面對自己個性上最大的缺點，我試著不要把時間排太滿太緊，或是調整作息，尤其是隔天早上有行程時，更要早一點休息，不要再熬夜畫畫。不過我媽說，要嘛就鐵下心去改，要嘛等你一百歲就不會有這種問題，因為已經沒有事情可以忙，也沒有人會抱怨你遲到。

嗚嗚，這聽起來更悲傷，顯然我已經無藥可救了。

P.S. 媽，我還有五十年可以努力把這個惡習改掉，你等著瞧。

寫下你的關鍵字

人生關鍵字
KEYWORD 35

助人

對別人的善意或舉手之勞，
常常帶來滿心的喜悅。

邁向五十歲時，許下一個願望是能多做公益，結果真的接到很多邀約，其中一個是為便利商店擔任關懷偏鄉失智長輩捐款箱的公益大使，才知道在所有募款中，關於老人的捐獻反應最冷淡。那麼第一名是什麼呢？答案是為流浪貓狗，其次是弱勢兒童。

大家很有愛心願意捐款，其實都是好事，但這也反應了我們普遍對老人族群比較漠視。當察覺到這件事，我開始特別注意周遭時，發現需要被關懷的年長者還真多。

入冬的某一天晚上在餐廳用餐，同桌是一對看起來八十幾歲的老夫妻，駝背的老太太低頭慢慢地吃著自己的飯，老先生用顫抖的手吃完湯麵後，因為還很渴，拿起桌上那一杯涼掉的濃茶就猛喝。這麼冷的天氣，這樣對身體不好吧，於是趕緊阻止他。因為是常客，店員都會為我準備一壺清淡的熱茶。我拿過老先生的茶杯，一邊跟他解釋：「你這茶涼掉了又很濃，不好喝的，你試試這個。」老先生不好意思，一直推辭，老太太也不斷搖手婉拒。後來在強力推薦之下喝了，老先生的神情一下子舒爽很多。一旁的老太太，喝了也說：「天氣冷，這樣整個身體都暖起來了。」

還有一次在捷運地下街，發現三個年輕女孩攙扶著一位神志不清的老爺爺，原來他迷路了。三個女孩因為另有要事，我就主動接手幫忙，聯絡站務人員拿輪椅過來。聊了一下才確定他可能有輕微失智的徵兆，身上沒有任何證件或錢，一直說要出門找太太，在外面已經晃了八個小時，整個人蒼白虛脫。我為他買了熱牛奶和麵包果腹，等他稍微恢復，再想辦法聯絡到他家人。焦急的家人已經去報警，沒想到因為我們的幫忙，提早安全地把父親接回去，看到他們重新團聚的畫面，心裡很感動。

其實這些舉手之勞，你可以視而不見，不去做也沒有人會責怪。但看到老夫妻飯後捧著茶杯的愉快神情，讓我也覺得幸福。還有，就因為願意多付出一點時間和關心，原本可能走失的老人，也安全地回到家。

試著把眼光從自己身上移開，去看看周圍有哪些人需要幫助，伸出援手，給予善意，像家人一樣看待，你會發現自己變滿足了。

人生關鍵字 KEYWORD 36

運動

正確的運動知識，
比漂亮的運動裝扮重要。

我從研究所開始接觸慢跑（為了追班上一個男同學），回到台灣之後，因為健康的關係，這個習慣還是維持下來，只是當時不太懂，經常一件T恤、短褲，隨便一雙球鞋（籃球鞋、網球鞋、步鞋……）就去跑。長時間下來，觀察到跑場上的跑者穿著配備都很專業，在互相交流之下，我對跑步的知識才慢慢提高。

我很享受和志同道合的人一起慢跑，大家互相激勵。但同時也喜歡戴著耳機，一個人沉浸在忘我的世界。不過慢跑是一種痛並快樂的過程，常常身心都處在拉扯的狀態，當跑到一個公里數時，雙腳開始不聽使喚，每一步都像綁著鉛塊，舉步維艱。腦袋開始叫你：「放棄吧，今天就到此為止。」心卻又不斷自我鼓勵：「再撐個幾公里，一定能達成目標。」一路跑下來就像天使和魔鬼不斷在爭鬥。

因為跑出興趣，也跑出心得，逐漸得到很多運動廠商的青睞，定時提供新產品。有一次某家運動品牌A送來一雙當季慢跑鞋。這雙鞋從構造到設計都很專業，但樣式普通（我偏愛黑白色系），於是私下又買了一雙B牌的慢跑鞋，這兩雙鞋擺在一起，外形高下立刻見真章，朋友也都說B牌很酷炫。這雙漸層亮黑的鞋非常輕薄，跑起來猶如小飛俠，只是原來膝蓋的舊疾因為鞋子的保護性不夠，加上長期練習而復發。休息一陣之後重回跑場，這次我就換上專業的A，不論是包覆性或防震性都勝出許多，當然我也不那麼著重在衝刺和速度上。

年輕時跑步不會痛，但自從膝蓋跟我提出抗議，為此跟專業教練學習，從認識自己的身體開始，學呼吸、調整跑步的姿勢，鍛鍊肌肉並強化核心肌群。真希望能早一點意識到身體發出的警訊，尋求專業協助，認真學習相關的跑步知識，而不是自己埋頭苦練。

許多人跑步為了拚速度，或為了打破紀錄，常常會忽略身體的警訊。這種過程我也經歷過，誰不希望能愈跑愈快、愈跑愈遠，愈來愈好。現在我會告訴自己：「你不是去比賽，也沒有要當選手，別逼自己做過度的事。」不然就會提醒自己是為了健康而運動，幹嘛跑到受傷。

許多人在運動穿搭上都很用心，但可能也有不少人把漂亮及流行性擺在第一位，而忽略材質的排汗和透氣性，其實還是要穿著專業比較能保護自己，也能提升運動效率和品質。

保持運動是一件重要的事，正確的知識和專業的配備，則會讓你運動起來效益更好、更愉快。

寫 下 你 的 關 鍵 字

人生關鍵字
KEYWORD
37

等待

人生中有許多需要耐心的時候。

人生中時時刻刻都在等待，譬如買東西要排隊，等電影開場，等下一班車，等一通電話，等週末，等待下一次的旅行，等告白後的回覆，已讀不回的等待，等待放榜，等升遷，等孩子長大……

等待有很多種，有些充滿希望，有些令人忐忑不安，結果雖然不一定完全如預期，但也給了我們空間想像。

所以耐心是必要的，不用著急也不必胡思亂想，也許生命會因此給我們意外的獎賞。

PART 3

儘管去經歷吧

人生關鍵字 KEYWORD 38

告白

不要再演內心戲了，
喜歡就去追求。

From：地址：

姓名：

廣 告 回 信
台 北 郵 局 登 記 證
台北廣字第01764號

平 信

To：**大田出版有限公司　（編輯部）收**

地址：台北市10445中山區中山北路二段26巷2號2樓
電話：（02）25621383　傳真：（02）25818761
E-mail：titan3@ms22.hinet.net

大田精美小禮物等著你！

只要在回函卡背面留下正確的姓名、E-mail和聯絡地址，
並寄回大田出版社，
你有機會得到大田精美的小禮物！
得獎名單每雙月10日，
將公布於大田出版「編輯病」部落格，
請密切注意！

大田編輯病部落格：http：//titan3.pixnet.net/blog/

智 慧 與 美 麗 的 許 諾 之 地

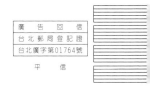

讀 者 回 函

你可能是各種年齡、各種職業、各種學校、各種收入的代表，
這些社會身分雖然不重要，但是，我們希望在下一本書中也能找到你。
名字／ ____________ 性別 ／□女 □男　出生／______年_____月_____日
教育程度／
職業：□ 學生□ 教師□ 內勤職員□ 家庭主婦 □ SOHO 族□ 企業主管
□ 服務業□ 製造業□ 醫藥護理□ 軍警□ 資訊業□ 銷售業務
□ 其他 ____
E-mail/__________________________________ 電話／ _____________________
聯絡地址：
你如何發現這本書的？　書名：
□書店閒逛時________書店 □不小心在網路書站看到（哪一家網路書店？）_______
□朋友的男朋友(女朋友)灑狗血推薦 □大田電子報或編輯病部落格 □大田 FB 粉絲專頁
□部落格版主推薦 ______________________________________
□其他各種可能 ，是編輯沒想到的 ______________________________
你或許常常愛上新的咖啡廣告、新的偶像明星、新的衣服、新的香水……
但是，你怎麼愛上一本新書的？
□我覺得還滿便宜的啦！ □我被內容感動 □我對本書作者的作品有蒐集癖
□我最喜歡有贈品的書 □老實講「貴出版社」的整體包裝還滿合我意的 □以上皆非
□可能還有其他說法，請告訴我們你的說法
____
你一定有不同凡響的閱讀嗜好，請告訴我們：
□哲學 □心理學 □宗教 □自然生態 □流行趨勢 □醫療保健 □ 財經企管□ 史地□ 傳記
□ 文學□ 散文□ 原住民 □ 小說□ 親子叢書□ 休閒旅遊□ 其他 _________________
你對於紙本書以及電子書一起出版時，你會先選擇購買
□ 紙本書□ 電子書□ 其他____
如果本書出版電子版，你會購買嗎？
□ 會□ 不會□ 其他____
你認為電子書有哪些品項讓你想要購買？
□ 純文學小說□ 輕小說□ 圖文書□ 旅遊資訊□ 心理勵志□ 語言學習□ 美容保養
□ 服裝搭配□ 攝影□ 寵物□ 其他 ______________________________________
請說出對本書的其他意見：

大田出版有限公司編輯部 感謝您！

愛情這件事真是很奇妙，你永遠不知道那特別的情愫會在什麼時候發生？

我的戀愛經驗中，很少被男生告白過，大多主動出擊，叫我告白女王也不為過。主要是因為在兩人之中，我通常是陷入較快的那一方，而且又難以忍受曖昧時的緊張、壓抑、痛苦、胡思亂想。不過要告白，也必須有傻勁和勇氣，加上至少百分之五十的把握才能出擊。譬如一群人出遊時特別照顧你，就算路不順也會送你回家，至少要有一、兩次兩人單獨出去的機會……也就是確定他不討厭你、有一定程度的好感，而你更喜歡他，已經壓抑不住內心的渴望，這時就能放手賭一把！即使告白當下不被接受（大部分的回應都是「很抱歉」），有可能過了兩、三個星期之後，對方會發現你的優點而改變心意也說不定（雖然可能性幾乎等於零）。

通常男女生告白的成功機率大概是四比六，當然也有失算的時候。大部分人告白被拒絕的話，幾乎是立刻切斷和對方的一切聯繫，即使對方迎面而來，也會假裝沒看見。實在很受傷啊，怎麼可能繼續往來？

但是真正會經營的人，懂得給對方一點時間和空間。憑什麼告白時，對方剛好也很喜歡我們呢？想一想如果我突然被告白，也會嚇一跳吧（那要看是誰）。

不過，告白也是有方法的，我通常會先醞釀氣氛，譬如從第一次相遇談起，再慢慢講到自己的觀察：「你對朋友都很（友善、大方、真誠、體貼、關心……），沒什麼架子耶……我很欣賞你的（專業、樂觀、積極、勇敢、幽默、可愛、不做作……），讓我很嚮往……這段期間我非常開心，嗯……」這時先hold一下，觀察對方的回應。如果他轉移話題或沒有回答，就要立刻打住找個台階下：「我剛才是開玩笑，嚇你的啦。」假使對方靠近，熱烈注視你，或者很快地回覆肯定的答案，那麼可以一鼓作氣說：「希望接下來的日子都有你」之類的。

記得第一次告白時超緊張，那天地點和時間都事先喬好，打算來個巧遇。對方是同學，我們各自去聽同一場音樂會，但中途我就先離開，並交代兩個眼線，在音樂會快結束前先出來通報，才能算好時間在他回宿舍的途中攔截，那時已經深夜，人也比較少。

遠遠地看到他往宿舍的小路走來了，我深吸一口氣立刻衝到他眼前。「你怎麼那麼喘？」他看到我一臉慌張，很關心地問。我直接破題說：「有一件事一定要跟你說……」然後開始用不太流利的英文，把腦中所有想到的，從認識開始，和同學一起上課、一起夜遊、一起去酒吧、對他的感覺，一股腦兒倒出來。他好幾次試圖打斷，害怕被拒絕的我完全不理會：「請先聽我講完，就這一次，你不用現在給我答案……」

對著他大概講了有十分鐘吧，之後立刻逃掉，留下他一個人呆立在路燈下。回到宿舍，兩個眼線馬上跑過來關心：「怎麼樣？他說什麼？」我的心臟還在怦怦跳：「沒有聽他講，反正我該講的都講了。」他們都覺得不可思議，這算哪門子的告白啊？

隔天遇到，他走到我面前說：「還記得第一天上課時，我們一群人坐在教室裡，你記得我坐在哪裡嗎？」我低著頭不好意思地回答：「不知道。」他說：「我當時就坐在你對面，一直看著你。」

其實他很早就注意到這個女孩了，只是沒有察覺自己的心意（告白成功，任務完成）。

告白很浪漫，但也有風險，自己要仔細評估，不要莽撞地行動。成功的話，大大恭喜你；即使失敗，也要給自己鼓鼓掌，因為你很勇敢。

人生關鍵字
KEYWORD
39

戀愛

盡情去談戀愛吧，
這是成長的最快方式。

我的初吻在幼稚園被同班同桌的小男生奪走。升上小一時，班上一個男同學對我很有好感，常常送我從家裡偷拿來的昂貴水果乾（但我要的是雙層的鉛筆盒和彩色橡皮擦）。高年級時每天飯後，胡同學都會打電話來找我聊天。升上國中，雖然男女分班，但我固定和劉同學一起去補習，久而久之就產生愛慕之情。在我們那個謠傳接吻會懷孕的保守年代，男女同學在一起會被校方記過，因此只能偷偷跑到教室屋頂的儲藏室去牽牽手，當時少男少女的情感是很受到壓抑的。

高中被送到美國，十五歲的我還沒有談過戀愛，在學校簡直是異類。我的初戀算晚，高三時才體會到什麼叫甜蜜的滋味。那是來學校參加年度舞會的外校學生，我們一見鍾情。當時他在麻省唸書，我在紐約，但距離完全阻擋不住兩個高中生的熱戀，除了寫信講長途電話，每個月他會坐將近五小時的巴士來紐約看我。

後來我也試著去找他，記得下午搭上巴士，一路從市區的喧囂熱鬧，駛向安靜無人的郊區，樹慢慢變茂密，天色也漸漸轉暗。四個半小時的車程，一個人千里迢迢去見男朋友，那種興奮和甜蜜真是筆墨無法形容。只要能見到彼此，一切都值得，一點也不覺得累。

現在想起來，當時的自己真大膽。一個人學著買票、搭車，跑到那麼鄉下的地方，我從小又被保護得很好，愛情的力量卻讓我克服心理障礙，去做以前沒有嘗試過的事。

這段純純的初戀在上大學後因個性不合而漸行漸遠。某個暑假去哥大上課，遇到被公司派來紐約進修的法國人。沒見幾次面就陷入熱戀，那一個半月的時光兩人如膠似漆，好像拚了命一樣的談著限時的戀愛。有可能是之前台灣的環境太壓抑，遇到情感的事，不是太矜持就是太快投入，無法循序漸進去了解彼此，薄弱的情感基礎很快就搖搖欲墜，令自己很懊惱痛苦，對方更是一頭霧水。

大三那一段愛情愛得難分難捨，可以說是至今為止最刻骨銘心的。因為現實的原因他必須離開，我們承諾不管距離多遠都永不分開。有一次因為太思念，打了電話過去想聽聽他的聲音，一個女生接的，她一聽我的來意，立刻大罵三字經掛斷。當時國際電話是很貴的，不像現在有網路的免費電話可打，但我不死心，又再撥。這次他匆匆地說：「她已經知道我們的事了，請不要再打來……」從話筒裡傳來女人的咆哮，嚷著要拿球棒揮過來。

後來才知道他們在我出現之前已經交往很久，因為對她有著一份責任感和愧疚感，最後還是選擇了她，我因此陷入空前的大低潮。

研究所時期的對象在一起兩年，我們的戀情充滿陽光、空氣、花和水，畢業後我再度面臨遠距離戀愛的考驗，他要回洛杉磯，我則待在紐約。半年後他還是撐不過，終究畫下句點。只是他沒有勇氣和我當面談分手，因為我一定不會答應，所以寫了一封長信。

我完全無法接受，持續挽留，希望能維繫住這段感情。半年後他來紐約，幾個月不見的思念讓兩個人又重燃愛火，可惜一年後還是以分手收場，有過裂痕的愛情大概都很難回到原來的模樣吧。

也曾被一個日本男生追求，他的家境非常優渥，對我更是一往情深。當時他特地來台灣看我，每天寫一封厚厚的情書。可惜爸爸反對，覺得日本是一個大男人主義的社會，我會吃苦，但我哪裡聽得進去。後來發現這個男人果真經常對我指指點點、什麼都可以批評。

年輕時誰不是把父母的話當耳邊風，如今到了一定年紀，終於知道有時候聽一聽會讓人少受一點苦，因為他們見多識廣，知道有些人實在不合適或不值得。

過了三十歲，感謝老天真愛終於降臨，一談就是十年，其中付出的心力、體力、財力都是空前，愛得很濃烈，但也爭吵不斷，互相折磨又不願意放手，最後他愛上別人，我也有了新的對象。他曾說跟我在一起就像坐雲霄飛車，可是如今他想靠站下車了。

不知不覺已經來到四十，之前投入全部的十年感情，後半段是爛掉的膿包，最後又是如此不堪地分手，導致我之後在愛情出現一點瑕疵或不符期待時，沒有去找問題的癥結點，而是選擇逃避及立刻抽身，短暫的戀情每一段都很瘋狂，但也很不負責任。

五十歲了，身經百戰的我回想過去，戀愛一直失敗，原因出在自己身上。如今我想修復內心的傷，轟轟烈烈、激情、前所未有……不再是我嚮往的境界（還是會啦），而是期許面對愛情時更有責任，不做逃兵，這就是我要做的功課。如果沒有修好這學分，大概會一直在不及格中反覆輪迴吧。

戀愛常會曝露出自己也不知道的內在，你看到了嗎？

人生關鍵字 KEYWORD 40

失戀

失戀是讓你變堅強的代名詞。

年輕時當情人提分手時，我通常是一哭二鬧，雖然還不至於到要上吊的地步，但一定會想盡各種辦法挽留，如果軟的方法完全失效，就會使出最後絕招，開始理性分析給對方聽，繼續和我在一起會有什麼好處？分手會有什麼壞處……

在我三寸不爛之舌的勸說之下，對方都會被我說服。但沒多久又會提分手，因為根本的問題沒有解決。

現在不太做這種事了，一來時間寶貴，實在不需要浪費。二來如果對方想離去，即使最後勉強留下來，也都不會長久。

失戀期間都在畫畫（才怪，其實我都一個人悶在家裡哭得死去活來，不然就是瘋狂血拚、狂吃暴喝、換髮型、回去找前前任或前前前任，狠一點就馬上找一個備胎），雖然經常一邊哭一邊畫，卻是唯一可以轉移我注意力的事。但說到底，療傷還是要時間，如果因為空虛寂寞隨便去找個人來愛，不僅傷口還在，也有可能會再受傷害。

有一就有二，不必把失戀看得太嚴重，也不用刻意裝堅強。瞧瞧曲老師現在已經練就金鋼不壞之身，療傷期愈來愈短，內在也愈來愈強大，但這不代表我不痛。

寫 下 你 的 關 鍵 字

人生關鍵字
KEYWORD 41

第三者

關於第三者，
我幾乎沒有看過完美收場的。

我們都渴望兩情相悅、天長地久，但世界從來不是照著期待運轉。明明早上還甜甜蜜蜜，下午可能就吵得不可開交，愛情本來就善變莫測，人心也是很難掌控。

我自認是個愛情潔癖、占有慾強又專情的人，竟然也介入過別人的關係，或被別人破壞過，而且不止一次、兩次、三次、四次……

最詭異的是出軌經常發生在已經有一個穩定交往對象時，好像是老天故意要來試探。既然兩情繾綣，為什麼又會對別人動心並深陷呢？也許是想證明自己還有魅力，也許就是貪吃。尤其偷偷摸摸的事最讓人興奮，不按照腳本的演出最刺激，而且會讓人一犯再犯，這大概是人性的弱點。

但這種關係到一定程度時絕對會出問題，不是希望有更多的兩人時光，就是想浮上檯面確認身分……總之到最後一定兩敗俱傷，自己看不起自己，原來的對象傷心而去，第三者也留不住，不管糾纏幾年，我幾乎沒有看過完美收場的。

我聽過很多出軌的理由：我們之間早就沒有愛了、這個婚姻是父母作主的、當初是奉子成婚……一段感情或婚姻本來就是一個承諾，如果很痛苦，大可把關係結束再去追求新的愛情。

人生中動心的時刻並不是非常多，所以只要有喜歡的對象，就會不顧一切、克服所有困難去追求，但在意亂情迷之時，別忘了是不是有本錢去談這段感情。帶著複雜糾葛的情感包袱，日子怎能好好地往前走？

寫 下 你 的 關 鍵 字

人生關鍵字 KEYWORD 42

朋友

別忘了好好把握在一起的時光、珍惜彼此、共同成長。

朋友有很多種，有可以講知心話的人，有酒肉朋友，有只在週末相約見面，也有無聊想打發時間才會聯絡的。有的朋友會互相扶持、鼓勵，有的見不得別人好，總愛講風涼話（曲老師說這種朋友不要也罷）。

開始意識到朋友的重要，是小學時要去遠足，老師叫我們自己找人分組，同學就開始互相拉攏：「我跟你一組。」那時才警覺到：「天啊，沒有朋友還真尷尬。」

我爸因為做生意的關係，家裡經常高朋滿座，互相稱兄道弟，記得曾經問過他，那些人都是好朋友嗎？他竟然說不是，知心的只有一、兩個。

再看看我媽，她是個家庭主婦，生活圈很固定。求學時期一直有往來的同學，和一些固定打麻將的太太們，就是維繫她生活和人際的重要資糧。

到底我們需要多少朋友？我的感覺和爸爸一樣，不見得要多，可以講心底話的一、兩個就足夠。而且我也知道朋友並不一定能永遠，三十五歲前曾有一群好朋友，每個星期必定找不同的餐廳聚會，那時好期待週末到來，大家拋開工作及各種煩人的事，盡情吃喝聊天真是愉快。後來陸續有人談戀愛、結婚，漸漸這個朋友圈就散了。

朋友本來就會有階段性，譬如求學時代的好朋友，工作階段的好麻吉，結婚後可能又是另外一掛。像大學時曾有兩個超級要好的朋友，安德魯和馬克。我們幾乎成天在一起，尤其看藝術電影時，這兩個就像左右護法一樣，把難懂的劇情和對白講解給我聽。

安德魯手頭一直很拮据，有一次去他租處，發現房間裡一切從簡，卻有一大面書牆。我說：「你都吃不飽了，怎麼會有錢買書？」但他認為書是精神糧食，不可或缺。他還告誡很愛血拚的我：「衣服會舊，但書不會過時。」這才明白為什麼他的學識非常豐富，總是在課堂上把老師問倒。

馬克一家在韓國原本生活還不錯，爸爸是公務員，媽媽是藥劑師，因為媽媽有很強的美國夢，他國小畢業後全家移民，在紐約市開了一間簡陋的炸雞攤維生。原本坐辦公桌的爸爸得蹲在地上拔雞毛，專長配藥的媽媽忙著醃泡菜，全家生活其實很刻苦。父母常常因此有所爭執，爸爸不適應這種生活，之前就曾離家出走好幾次，有一天突然不告而別，再也沒有回來。幾個月後媽媽死了心，把手上的結婚戒指給馬克，意思是以後這個家要靠你了。

結果馬克因此覺得沒資格談戀愛，本來很嚮往藝術創作的路，計劃攻讀研究所，最後也只是開了家裱框店維持生計。當時他才二十一歲，卻願意承擔突然放到身上的責任，這種超越年齡的勇氣讓我很佩服。

畢業後我們還持續聯繫好一陣子，但隨著人生的變化，漸漸就失去音訊了。我覺得友誼不必強求，有些人和你緣分比較強，會一直保持關係，像我姊姊到現在都和國中同學有來往。我的朋友卻都是階段性，可能因為自己並不擅長維繫。朋友來來去去，難免覺得惋惜，但不管如何，只要在一起時好好把握、珍惜彼此、共同成長，不就很棒了嗎？

寫下你的關鍵字

人生關鍵字 KEYWORD 43

家人

原來帶著家人去旅行，
是這麼幸福。

爸爸的去世，對我的人生有很大的改變。在這之前，注意力極大部分是放在情人身上，但爸爸離開之後，我意識到家人的重要，特別是媽媽。她常常會提起往事，說爸爸帶她去那裡玩，住了什麼飯店，吃了什麼美食，看了那些景點。爸爸在世時其實很寵她，但我心想，難道媽媽的人生只能永遠活在他的回憶裡嗎？她現在也才七十多歲，往後的日子不是太悲慘了？

於是決定要為她創造新的記憶，從此旅行都以媽媽為主，特別帶她去舊地重遊，看看和我來玩有沒有不一樣。也會安排她去沒去過的城市，讓她開開眼界。一年兩次旅遊，結果她現在很少提爸爸如何如何，而是問我：「下次我們要去哪裡玩？」

與媽媽旅行和自己出遊完全不一樣，我會放棄想看想買的東西，譬如美術館博物館各種展覽及時尚精品，一切以她為主，手機裡拍的都是她美美的照片。老人家行動慢，行程便不能太緊湊，玩一天休息一天，輕輕鬆鬆沒有壓力。

看到她滿足的樣子，我放下行前心裡的大石頭。原來和媽媽出遊，終於可以在旅行中得到真正的放鬆和休息。

一開始確實備感壓力，平常講不到幾句話，更何況這麼長的時間單獨在一起。在家我們連廁所都各用各的，現在卻要待在同一個房間。天啊，愈想就愈緊張，結果才踏入機艙坐下來，她就高興得合不攏嘴。

每次旅行，她什麼都滿意什麼都好，連大便都比在家裡順暢，甚至還問我可不可以不要回去？可不可以多延幾天？回到家之後，接下來足足有兩個月的時間，她都是掛在電話上跟朋友炫耀：「你不知道我們家瑞對我多好，住的飯店好棒，房間好大喔……」

媽媽對旅行的期待就像我小時候要去遠足一樣興奮，她會早早就把頭髮燙好，行李箱拿出來，開始計劃要帶什麼衣服，配什麼鞋子？有時候都打包好了，還會翻案重來。旅行時也會做筆記寫心得，真是讓我大開眼界。事實上，因為旅行讓我們彼此更了解，關係也更親近。以前在家很少互動，但在飯店房間裡卻經常徹夜長談，聊著聊著就大笑起來，感覺像姊妹而不是母女，出去時會手牽手，這在台灣根本就會覺得很噁心好不好！

去年在聖彼得堡旅行，最後一晚整理行李時她突然哭了，感慨地說：「自從爸爸去世之後，我以為失去一切，你們幾個姊弟會覺得我是負擔，沒想到你還會帶媽媽出來玩。」我連忙安慰她：「媽，你想太多了，我還在計劃下一趟要去哪裡？」媽媽馬上破涕為笑，「義大利！」

寫 下 你 的 關 鍵 字

人生關鍵字
KEYWORD
44

旅行

人生就是一趟旅行，
經歷愈多愈精彩。

小時候全家去旅行時，因為路途很遠，小孩子常常坐車坐著坐著就睡著了。爸爸為了叫我們起來看風景，都會說「怪獸來了」、「有機器人」、「你們看，前面有一隻大猩猩」、「啊，老虎」……我們急忙睜開眼，卻發現被騙了。但即使如此，一起出遊還是很開心，印象中有一次好像去梨山吧，全家人擠在一間榻榻米上睡覺，我們整夜打打鬧鬧，在被窩裡滾來滾去，快玩瘋了。

學校的郊遊也是童年快樂的回憶，前一天幾乎興奮到睡不著。媽媽會幫我準備很多點心，鹹的甜的還有糖果三明治等等。到了國中，因為學業的壓力，旅行更成為喘息的機會。那時班上的小圈圈都以名次來分，我的成績雖然是倒數的，但為了和分數好的同學一組，就想出生存之道，也就是當小丑，講很多笑話逗同學開心，因此旅行時他們往往會欽點我，希望加入她們那一組。

國中畢業被送去美國唸書，先在一個寄宿家庭待了一個月，受到很大的震撼。這家人當時懷抱美國夢而移民，但是生活很辛苦。每天早出晚歸，爸媽都在成衣廠工作，整天縫紉機響不停，大概就是現在所謂的血汗工廠。那些孩子也都在餐廳、速食店打工，妹妹的手肘被燙得都是傷疤。他們的人生旅行，沒有因為抵達目的地鬆了一口氣，反而是辛苦的開始。

上了高中又是另外一個世界，同學們不是來自皇室貴族，就是百大企業的繼承人之類的。有些人還有私人飛機接送，有的是保鑣跟前跟後，總之家世都很好。跟之前的寄宿家庭相比，原來人們的生活可以這樣天差地遠，這眼界一開，也讓我感到在美國的生存很殘酷，必須很快找到自己的定位，不然就會被淘汰。

對我而言，在國外唸書生活也是一種另類的旅行。包括後來爸爸因為工作關係經常飛到世界各地參加會議，順便帶我去見習並當即時翻譯，因此見了不少世面，談吐應對變得更加成熟穩重。

我的學生經常背包一揹說走就走，上山下海到處跑，曲老師已經不做這種極度率性的事了。像背包客最好的年紀也是在三十歲以內，五、六十歲再自助旅行，不是不行，如果可以克服老花眼和頻尿，就去吧。

而且旅行這種事也不要等，很多人都計劃等退休再去玩個夠，但計劃永遠趕不上變化。住家附近有位大學的退休教授，與妻子鶼鰈情深，本來打算下半生要一起去旅行，好好享受生活，結果太太得了癌症，因為不放心給別人照顧，先生就變成二十四小時看護。不要說出遠門了，每天大概只能下樓買早餐，我觀察他原本還會和店老闆說說話，後來連一句都不講，變得非常沉默。

從一出生就是旅行的開始，雖然大家的終點都一樣，但是你可以設計不同的行程、定點、玩法，中途一定會有意外、狀況，但這就是旅行讓人念念不忘的地方。就像有一年和爸媽在歐洲的東方快車上被搶，那趟旅程一片空白，唯有那個畫面至今仍深深刻印在腦海。

你永遠不知道明天世界是不是還一樣，有任何想做的事，最好都趕快去做，我們等著聽你分享精彩的故事。

人生關鍵字
KEYWORD
45

工作

工作難免會跌跤，
但是要努力撐過黑暗期，
才可能開花結果。

研究所畢業之後，我並沒有馬上找工作，一是對未來沒有想法，二來自尊心很強，在哥倫比亞大學幾乎被捧上天，老師們給的評語都是讚，這讓我以為自己是somebody，沒想到走出校園根本是nobody，從天上墜落人間，這才明白我只是眾多社會新鮮人的其中一個。

由於主修西畫，成為藝術家應該很順理成章，但是我拉不下臉去推銷自己的作品，更無法接受別人說no。不管是「我們目前不缺畫家」、「你並不合適」或「你還需要磨練」甚至是「你畫得很糟」……不論哪一種說法，都讓我壓力很大。

雖然中間曾經回台辦過展覽，也受邀赴日舉辦個展，但機會少之又少，終日宅在家裡，幻想有一天才華會被伯樂發現。但這樣也不是辦法，終究得面對現實，賺取生活費。於是把藝術的夢想放一邊，去一家熟識的服飾店應徵，原以為這下可以打扮得漂漂亮亮在櫃台結帳，沒想到被派去儲藏室盤點，重複做著割開紙箱、取貨點貨的動作。兩個星期後，店長說「你可以出來了」，結果竟然要我疊衣服，就是把被客人翻得亂七八糟又不買的衣服摺好，那真是一場惡夢，一大疊的衣服好像永遠摺不完。

七天後，我被調到販賣部，卻是最痛苦的開始，常常眼看著喜歡的品項被買走，即使藏到架子的最內側，還是逃不過顧客的法眼。熬不過四個星期就決定不幹了，連最後一星期的薪水都沒拿。

雖然如此，好歹知道這不是我想繼續的工作。不久，朋友告知一個空缺很適合我，工作內容是售票、帶位及解說，地點在紐約中城洛克斐勒中心。當時家裡已經對我發出最後通諜，如果要繼續留在紐約就斷糧，我得自行謀生。於是就接下這份卑微的工作。

兩個月後被主管告知，某位西裝筆挺的男士投訴：「一個高學歷、能力強、外型佳的女生不應該待在售票亭裡！」於是我很快被提拔到另一個部門，薪水也多了一些。這件事讓我明白，用不著嫌棄職位高低，只要有能力、有才幹，永遠不怕被埋沒。同時也影響了我，日後發掘到優秀的人才，都會主動拉他一把。

原本以為新的工作每天接觸藝術品，可以就此安頓久待，但反而燃起了我心中的藝術魂，沒多久就遞出辭呈，決心返回喜愛的畫畫，與朋友合作一本童書。我的個性一旦決定就會全心投入，當時不像現在電腦這麼普及，所有內頁都得手繪完成，畫到眼睛都快脫窗。光是一頁草稿就反覆改了十多遍，而且要畫到兩個人都滿意為止。寄到出版社後很可能編輯又有意見，畫面不夠可愛、色彩可以更豐富等等之類的，於是又得重新開始構思。那段時間沒日沒夜地畫，到後來幾乎是趴在書桌前，手無意識地轉呀轉的。

雖然會抱怨生氣，甚至不知道出版社什麼時候才會點頭說好，我還是持續進行，努力把事情解決，擺爛從來不是心中的選項。等到書終於出版，和朋友卻因私人因素絕裂，共患難這麼久，友誼還是禁不起工作的磨難。

接下來幾年在工作上還是跌了很多跤，但我腦海中依然記得在畫童書時，彷彿永遠沒有盡頭般地修圖改稿，雖然灰心喪志，但還是咬著牙完成。有時候要撐過黑暗期，需要毅力和堅定的意志，因為一旦放棄絕對看不到開花結果，這是走到哪裡都不變的道理吧。

人生關鍵字
KEYWORD
46

被拒絕

被拒絕並不代表你不好，
因為被關上這扇窗，
你還可以打開更多扇窗。

每個人肯定都有過被拒絕的經驗，邀約被拒絕、告白被拒絕、入學申請被拒絕、應徵工作被拒絕……

當下的反應總是會不高興、生氣，覺得自尊心受到傷害。有時那種打擊大到要花很多時間來平復，就像我沒有申請上耶魯大學研究所這件事，過了二十年，才慢慢從那個陰影中走出來。

也有過幾乎談得差不多的合作案，在最後一刻突然喊卡。原定開播的節目，臨時換角。正在發展中的關係，被對方告知分手。預定的升遷被別人取代。

以前的我遇到這種事，都會封鎖對方，從通訊名單上刪除，從此裝做不認識，即使遇見也像看見仇人。

現在我有了改變。以往對任何事都過於樂觀，也許只有百分之五十的可能，卻自認為有百分之八十的成功機率，因此被拒絕時總是格外難受。現在則自動調降至百分之三十，也就是把以前的盲目樂觀改為低調保守，萬一被拒絕也因為有心理準備，不致於太失望。

其實被拒絕沒有什麼不好，重要的是從事件中學習到為什麼？有時候是環境因素，有時候是機運，有時候真的是別人比我們強（雖然很不想承認）。重點是去反省、檢視、調整，讓自己更好、更堅強，就像現在有人拒絕我，已能笑笑地看淡這一切，因為被關上這扇窗，你還可以打開更多扇窗。

寫 下 你 的 關 鍵 字

人生關鍵字
KEYWORD 47

關鍵3%

如果敢突破這最後3%，
你就拿到人生金牌了。

最近有了一個領悟，也是我在這裡很想和大家分享的，那就是突破最後關鍵3％是邁向100％的最後一哩路。

沉浸在喜歡的事情中是很幸福的，那種快樂任何事都無法給予。但我也清楚當這些一旦變成志業，你要面對的是潛入內在、挑戰人性的殘酷現實。

就像畫畫，一開始很愉悅，想法、創意不斷湧現，決定了方向之後，一股腦栽進去，你發現自己比想像的還要厲害，腎上腺素讓人忘我地往前衝，中途雖然經過修正調整，打到底的馬力彷彿就要奔馳得點，但真正考驗的，是很多人都沒有衝過終點。

畫室牆上掛了一幅我自認為已經完成，事實上也算畫好的作品，卻遲遲沒有噴保護漆做最後收尾，為什麼呢？

因為心裡明白，能夠克服這麼多困難，我已經很滿足，剩下的關鍵3%，有沒有突破旁人無從知曉。問題是我要不要、敢不敢去挑戰和超越。

這是很艱難的，我可以有各種理由：譬如想省事、反正這樣已經很好了。或是能力不足、害怕、懶，因為很有可能為了達到那3%，卻把之前累積的97%都毀掉。

於是刻意忽略不去理會它。這是一個煎熬的過程，需要嚴厲的自我批判和懷疑、去檢討、敲開內心。不管它也可以過一天，去面對肯定會很痛苦，但可能因此而向前又邁進1%、2%、3%。

每次遇到這種情況，我都會不斷掙扎：「反正沒人看得懂，這麼努力幹嘛？誰在乎呢？」但又過不了內心這一關，為什麼要跟自己討價還價？這關鍵的3％不是為別人，一旦完成會因為突破而感到交揉著痛苦的快樂，有時甚至流下狂喜的眼淚。

是痛苦讓人不斷蛻變、不斷前進、不斷超越自己的極限，驚訝於「原來自己也可以做到」！這才是所謂的痛快人生啊。

Creative —— 101

曲　家瑞
痛快人生
關鍵　字

作　　者　曲家瑞

出 版 者　大田出版有限公司
台北市104中山北路二段26巷2號2樓
E-mail　titan3@ms22.hinet.net
http：//www.titan3.com.tw
編輯部專線　02-25621383
傳　　真　02-25818761
【如果您對本書或本出版公司有任何意見，歡迎來電】
法律顧問　陳思成

總 編 輯　莊培園
書籍統籌　盧春旭
副總編輯　蔡鳳儀
執行編輯　盧春旭、陳顗如
行銷企劃　楊佳純
校　　對　金文蕙、盧春旭
印　　刷　上好印刷股份有限公司　04-23150280
裝　　訂　東宏製本有限公司　04-24522977
初　　版　二〇一六年九月十日
定　　價　新台幣 300 元

國際書碼　ISBN 978-986-179-459-4　　CIP：177.2 / 105014467